AF603363

CONSIDERATIONS
SUR
LA RÉFORME DES ARMES;

Jugée au Conſeil de Guerre

Aſſemblé à l'Hôtel Royal des Invalides.

CONSIDÉRATIONS

SUR

LA RÉFORME DES ARMES,

Jugée au Conſeil de Guerre aſſemblé à l'Hôtel Royal des Invalides.

PRÉSENTER au Public une punition légitime comme l'effet de l'oppreſſion, c'eſt l'intéreſſer en faveur des coupables; exagérer cette oppreſſion imaginaire, pour augmenter ſa ſenſibilité & pour exciter ſon indignation; c'eſt l'artifice ordinaire des criminels : ils ſçavent que chaque individu ſera alarmé pour lui-même, & ne conſidérera qu'avec crainte un ſort qu'on lui aura peint auſſi injuſte qu'affreux.

Nions tout, ont dit le Sieur de Bellegarde, le Sieur de Montieu, & ceux qui les ſoutiennent; crions à l'injuſtice; attaquons quiconque a reconnu, décelé & condamné notre conduite; affirmons qu'une haine implacable nous pourſuit; prodiguons la calomnie & le menſonge; employons à-la-fois les intrigues, l'adreſſe, les ſubterfuges & l'argent; couvrons-en nos infidélités; ne reſpectons rien; que notre audace affiche l'innocence; que ceux dont nous redoutons le zèle paroissent les vrais coupables ; profitons du silence que leur impose les Loix qu'ils reconnoissent ; que l'intempérance & la multiplicité de nos Écrits les plongent si avant dans l'infamie, qu'ils nous servent de degrés pour en sortir.

Ainsi ont parlé, ainsi ont agi des criminels d'Etat, avant leur condamnation ; déclarés par Jugement atteints & convaincus des plus dangereuses prévarications contre le Roi & la Patrie, ils raisonnent, ils agissent de même ; ils avoient abusé, pour leur profit, des pouvoirs qui leur étoient confiés ; & au lieu de se repentir de leurs crimes, la perte du lucre les occupe, la vengeance les anime ; ils méconnoissent également, dans leur fureur, l'intégrité la plus respectable, les dignités, les pouvoirs émanés du Trône ; ils s'attaquent au Roi même : en un mot, ces hommes flétris, échappés à la peine de mort que la Loi leur infligeoit, se livrent audacieusement à la calomnie & aux attentats (1) contre ceux qui ont fait connoître leurs crimes. C'est ainsi qu'ils n'ont cessé d'abuser de tout ; ils abusent même de la vie, que l'humanité des Juges & la clémence du Roi leur ont laissée.

Les auteurs * des indécences qu'ils se sont permises dans leurs premiers Libelles, ont été punis ; mais les ames honnêtes & sensibles, séduites par les clameurs & les fausses larmes

* Les Sieurs Mille, de Morandiere, Bailleul & Linguet, avocats exilés, & les femmes de Bellegarde & de Montieu, chassées de la Cour par ordre exprès de Sa Majesté, donné de son propre mouvement au Marquis de Tourzel, Grand Prévôt de l'Hôtel.

(1) Le Neveu du Sieur de Bellegarde a assassiné M. de Saint-Auban sous les fenêtres des Dames de Bellegarde & de Montieu, & a été condamné à la roue.

des coupables ; ne ſont peut-être pas encore détrompées. Puiſqu'il eſt enfin poſſible de rompre le ſilence, ſans compromettre un Tribunal reſpectable, il faut qu'une expoſition ſimple des faits, de la conſtitution & des Loix des Conſeils de Guerre, de leur application au cas préſent, des preuves du délit & de ſa gravité, détruiſe le tiſſu de ces Libelles enfantés par l'impoſture.

FAITS.

Il n'y a jamais eu, il n'y aura jamais, ſans doute, une entrepriſe auſſi hardie dans ſes vues, auſſi inſidieuſement motivée & appuyée dans ſes moyens & ſon exécution, auſſi lucrative pour les intéreſſés, auſſi dangereuſe pour l'Etat que celle de la réforme des Armes du Royaume, exécutée par le Sieur de Bellegarde au profit du Sieur de Montieu.

Hardie dans ses vues : Quel projet que celui de s'emparer de toutes les Armes (1) du Royaume, pour vendre les bonnes à l'Etranger, & rendre à l'Etat les plus mauvaiſes !

Insidieusement motivée et appuyée dans ses moyens et son exécution : Il falloit exagérer au Miniſtre la dépenſe de l'entretien de ces Armes ; lui perſuader que la plupart ne valoit pas le prix de la réparation ; qu'il

(1) Le Sieur de Bellegarde comptoit ſi bien ſur cette proſcription générale, qu'il ne s'en cachoit pas, & qu'il en a parlé en diverſes occaſions comme d'une choſe aſſurée.

seroit avantageux de les vendre entieres, contre l'ancien usage de les briser ; lui donner le change sur le profit de l'Entrepreneur, par un tableau de finance ; lui exalter les connoissances du Sr. de Bellegarde ; anéantir à ses yeux celles des Officiers d'Artillerie ; prôner exprès pour, en abuser, l'avantage de n'avoir plus qu'une espece de fusils ; c'étoit le rôle des Commis chargés alors du Bureau de l'Artillerie, & des Protecteurs de la réforme; celui du Sieur de Bellegarde étoit de ravir le plus d'Armes possible, & de préparer pour cette espece de fusils une fois adoptée, un modèle dont toutes les parties se prêtassent à la transformation des vieilles & mauvaises Armes en Armes neuves; de s'entendre, en ses deux qualités de Réformateur & d'Inspecteur d'Armes, avec le Sieur de Montieu son futur beau-frere, Acquéreur & Entrepreneur d'Armes de Guerre.

AUSSI LUCRATIVE POUR LES INTÉRESSÉS : Quel gain plus énorme & plus illicite que l'enlevement des 472000 Armes à 11 s. 6 den. l'une dans l'autre, pour en vendre la plus grande partie, tous frais faits, plus de 8 livres à l'Etranger, & rendre au Roi, au prix de 20 liv. sans bayonnette, les mauvaises assimilées au modèle préparé pour couvrir cette fraude !

DANGEREUSE POUR L'ÉTAT : Quelle plus grande infidélité, ou plutôt quelle trahison de ne priver le Royaume de ses bonnes & mauvaises armes, que pour faire rentrer de préférence les mauvaises dans leur remplacement à neuf; en un mot, de forcer perfidement le

Roi à ce remplacement dangereux, & à une dépenſe de pluſieurs millions, d'autant plus complettement aſſurés aux Intéreſſés , qu'ils auroient mieux réuſſi à déguiſer , ou plutôt à aggraver la mauvaiſe qualité de ces armes !

L'opération du ſieur de Bellegarde n'étoit pas finie que déja les murmures contre l'enlevement d'une énorme quantité de bonnes armes ſe faiſoient entendre hors des Arſenaux, malgré la crainte qui avoit ſi long-tems impoſé ſilence; on s'en entretenoit dans le Public, mais vaguement encore; les nouvelles réunies des Ports & des frontieres donnerent à ces bruits plus de conſiſtance.

M. le Comte d'Hérouville, dans ſa tournée comme Directeur Général, en Juillet 1771, ſurpris de la dévaſtation des Salles d'armes qu'il connoiſſoit , peignit à M. le Marquis de Monteynard le danger d'une réforme ſi outrée.

Au mois de Septembre de la même année, M. de Saint-Auban, l'un des Inſpecteurs-Généraux de l'Artillerie, dans le cours de ſa tournée comme Inſpecteur, trouva à Sarlouis 800 fuſils de rempart neuf, empilés pour le ſieur de Montieu, & à Sedan un dépôt également précieux, où cet Entrepreneur avoit aſſemblé les dépouilles des Arſenaux de la Lorraine & des Trois-Evêchés. Pouvoit-il ſe diſpenſer d'en rendre compte ?

Dès 1769 feu M. de Mouy, auſſi Inſpecteur-Général de l'Artillerie, avoit fait des repréſentations ſur les abus en tous genres, pratiqués dans cette réforme; la connivence des

Bureaux d'alors les rendit infructueuses ; & il n'en recueillit que des désagrémens.

La Lettre de M. de Saint-Auban, du 27 Septembre 1771, fixa les inquiétudes que celle de M. le Comte d'Hérouville avoit fait naître. M. le Marquis de Monteynard se détermina, le 6 Octobre suivant, à donner des ordres aux Directeurs de l'Artillerie pour arrêter dans les dépôts du sieur de Montieu les armes réformées, s'il en restoit encore.

Ces ordres troublerent la sécurité des sieurs de Bellegarde & de Montieu, de leurs Protecteurs & des Commis qui les favorisoient ; le moyen qu'ils choisirent comme le plus certain pour en prévenir les suites, & qu'ils n'ont point abandonné depuis, fut de taxer M. de Saint-Auban d'être un délateur & leur ennemi déclaré, & cela pour en avoir écrit comme M. d'Hérouville, & par les mêmes motifs.

En conséquence de ces premiers avis, M. de Saint-Auban reçut du Ministre un ordre, en date du 13 Décembre 1771 *, de prendre connoissance & de l'informer, dans le plus grand détail, *de la quantité & especes d'armes* vendues par le sieur de Bellegarde au sieur de Montieu. Cet ordre l'autorisoit à demander aux Directeurs de l'Artillerie les éclaircissemens relatifs, & à tirer du Bureau de la Guerre les papiers de renseignemens.

* Piéces Justificatives No. 1.

Item No 2. M. de Saint-Auban adressa une Lettre circulaire à tous les Directeurs ; leurs réponses, qui ont été mises sous les yeux du Roi, firent connoître combien étoient fondés les murmures contre la réforme des armes. Un seul de ces Directeurs (le Chevalier de la Pailleterie), pour servir les prévarications de ses amis, publia que cette Lettre circulaire étoit insidieuse. De quel poids pouvoit être le témoignage d'un homme déja répréhensible, qui ne restoit dans le Corps Royal que par la force de ses protections (1)?

Les Lettres des Directeurs, les inventaires des Places, antérieurs à la réforme, comparés avec les procès-verbaux du sieur de Bellegarde, ne laissoient au Ministre aucun doute sur ses excès. Il n'étoit plus question que de les constater irrévocablement par une vérification exacte de l'état des armes arrêtées dans les dépôts de l'Entrepreneur.

Prévoyant qu'ils seroient mis à découvert par une vérification trop concluante, les sieurs de Bellegarde & de Montieu demanderent à y assister. Cette demande étoit de mauvaise foi.

Comment les sieurs de Bellegarde & de Montieu veulent-ils qu'un délit qui couvre la surface du Royaume, & qui s'étend dans toutes les Provinces où il y a des Places de guerre & des Arsenaux, puisse être constaté avec eux? Comment auroient-ils pu être présens à une vérification qui devoit se faire, en même-tems & d'une maniere légale, à Strasbourg, à Sedan, à Valenciennes, à Lille, à Bayonne, à Huningue, à Béfort, &c.? D'ailleurs les Préposés du sieur de Montieu ne le représentoient-ils

(1) Cet Officier a été forcé de donner sa démission pour ses malversations vérifiées par M. des Mazis, Maréchal de Camp, qui n'avoient aucun rapport avec cette affaire.

pas lui-même dans chacun de ces dépôts ? Ils comptoient donc ſe rendre l'opération favorable en la précipitant, comme la réforme, ou l'éluder, en la faiſant durer pluſieurs années par la reſſource des difficultés. Le ſieur de Bellegarde a décelé leurs vues pour les difficultés. Il a dit qu'il n'auroit pas reconnu les armes; il a avancé dans ſes Mémoires & dans ſes interrogatoires, qu'elles auroient pu être changées par les Gardes. Le ſieur de Montieu a décelé leurs vues pour la précipitation, dans ſes Lettres circulaires aux Officiers des Places, & dans ſon Mémoire au Miniſtre. Il y demande avec inſtance que la viſite des armes de ſes dépôts ſoit très-prompte, pour éviter, dit-il, leur entiere dégradation.

Ce piége fut évité par le Miniſtre. L'autenticité qu'il a donnée à la vérification, prouve également ſa prudence & ſa juſtice.

En Juin 1772, le Miniſtre ordonna que cette vérification fût faite *en même-temps* par-tout, & ſa Lettre circulaire en régla les procédés.

Elle fut exécutée par des Armuriers ſermentés, ſous les yeux des Directeurs & autres Officiers d'Artillerie, en préſence des Commandans & Officiers Majors des Places, & des Officiers des Garniſons, qui y furent invités, ainſi que Meſſieurs les Officiers-Généraux, commandans dans les Provinces. Tous ſignerent, avec les Prépoſés du ſieur de Montieu, les Procès-verbaux dreſſés par les Commiſſaires des Guerres; & en ſe permettant toute la diligence qui pouvoit s'accorder avec l'exactitude, où le ſieur de Bellegarde n'avoit mis qu'un jour, on a été forcé d'en mettre vingt.

L'Entrepreneur avoit déja prélevé les meilleures armes de ses dépôts; les autres, empilées depuis long-temps sans soin, & la plupart dans des lieux humides, avoient dépéri. Cependant la récapitulation du contenu dans ces dépôts, tirée des Bureaux de la Guerre, montre que sur 180000 armes environ, il en a été remis sous la main du Roi 102700, ou neuves ou de bon service, dont 40300 n'exigeoient aucune réparation, & 62400 ne devoient coûter pour être réparées, qu'environ 79000 liv. c'est-à-dire, au plus 26 sols l'une dans l'autre.

Sur les 472000 environ, livrées par le sieur de Bellegarde à l'Entrepreneur, les inventaires antérieurs à la réforme en réclamoient 366000 environ; les autres 106000 avoient déja été réformées, & mises hors de l'entretien par les Officiers d'Artillerie des Places; ce qui établit un quart de mauvaises sur trois quarts de bonnes. Par la vérification des 180000 restantes aux dépôts, les mauvaises en font environ le tiers; mais si l'on calcule le prélevement des meilleures armes de ces dépôts par l'Entrepreneur, (diminution réelle au total des bonnes qu'ils contenoient) l'augmentation du nombre des mauvaises, par le peu de soin & le local de quelques dépôts, enfin, l'exactitude *scrupuleuse* des Vérificateurs dans leur choix, on retrouve sensiblement la même proportion du quart établie par les inventaires antérieurs à la réforme, entre les bonnes & les mauvaises armes; & l'on peut juger des motifs du réformateur par les excès qu'il s'est permis.

No. 9. Peut-on douter de ces motifs en voyant une Lettre du sieur de Montieu, écrite de Grenoble au sieur Jourgeon, par laquelle il se félicite d'avoir fait une *affaire excellente* dans le Dauphiné, où il a reçu *près de 20000 armes, la plupart toutes neuves ?* Il sentoit si bien le tort qu'il faisoit au Roi, en manquant ainsi à sa soumission de n'acheter que de vieilles & mauvaises armes, qu'il recommande très-particuliérement le *secret* à cet Associé.

De plus, le sieur de Montieu, qui avoit acheté environ 270000 livres les 472000 armes réformées, ose demander 800000 livres de dommages & intérêts, pour environ 180000 armes arrêtées dans ses dépôts. Il espéroit donc intimider en quelque sorte le Ministre par l'énormité de sa prétention ; le forcer à lui rendre les armes arrêtées, & lui faire surtout abandonner le projet de la vérification. Cette demande seule suffit pour confirmer les motifs & les excès de la réforme. Un Entrepreneur rusé (1) & intelligent auroit-il fait 800000 livres de frais, & payé au Roi 270000 livres pour des armes vieilles & mauvaises, ou, suivant l'expression infidelle de son beau-frere, *crevées, éventées, & mal partagées.*

Le prétexte du sieur de Bellegarde, pour infirmer l'ancien usage de briser les armes en

(1) Il propose de résilier son marché au moment où sa fraude est découverte, & lorsqu'il a déja employé à son profit près des trois quarts des Armes enlevées.

les vendant, étoit d'en tirer un meilleur parti pour le Roi; & l'estimation qu'il a faite des 472000 armes pour 270000 livres, n'est pas le prix qu'auroit produit le poids du fer des armes brisées, à 6 liards la livre.

Par sa soumission, le sieur de Montieu avoit contracté l'obligation de faire passer en Afrique, ou dans quelques Colonies étrangeres, les armes réformées. Il sçavoit bien qu'il seroit ruiné, s'il n'avoit que ces deux débouchés pour l'*énorme quantité* d'armes, dont son beau-frere taxoit les Arsenaux du Royaume d'être surchargés.

Les sieurs de Bellegarde & de Montieu, assurés d'une protection proportionnée à leur avidité, certains d'ailleurs de la connivence du Bureau, par l'alliance du sieur Fournier, beau-frere de l'Entrepreneur, n'avoient donc pas borné leurs vues à ces deux débouchés. Ils virent le produit d'au moins quinze pour un dans la permission de vendre à l'Etranger en Europe plus de la moitié des armes qu'ils comptoient enlever des Arsenaux; & ils l'obtinrent. Ils avoient eu soin de se réserver par le reversement du reste de ces armes à Saint-Etienne, sous la destination apparente du Commerce d'Afrique, un quatriéme débouché. C'étoit de vendre au Roi jusqu'aux plus mauvaises, en les assimilant au modèle leger présenté par le sieur de Bellegarde, & que la Cour n'a adopté qu'en Octobre 1766. (1) Cet

(1) Le marché pour la nouvelle fourniture des Armes de ce modèle, par les trois Manufactures, n'a été passé qu'en Mars 1767.

Inspecteur doublement attaché au sieur de Montieu, Entrepreneur de la Manufacture de St. Etienne, par l'appât du gain & par les liaisons trop intimes avec sa sœur, qui ont enfin forcé son mariage, avoit préparé à l'avance ce modèle, pour rendre la transformation plus facile.

Le sieur de Montbelliard avoit proposé de graver sur le tonnerre de chaque arme les deux derniers chiffres de l'année de leur fabrication, afin que l'Inspecteur fût toujours connu; les sieurs de Bellegarde & de Montieu profiterent de cette sage précaution, insérée dans le Réglement de 1766. Ils firent dans les années suivantes marquer des deux derniers chiffres de 1765, année antérieure à l'adoption du modèle leger, 90000 Armes de ce modèle. La ressource d'imputer par-là au sieur de Montbelliard, prédécesseur du sieur de Bellegarde, la transformation frauduleuse des vieilles armes en neuves, leur assuroit, sans risques, le fruit de leur infidélité; & l'abus seul qu'ils en ont fait, a décelé & confirmé une prévarication de plusieurs années, aussi criminelle que lucrative.

Dix-huit mois ont été employés aux informations d'une affaire si compliquée. M. le Marquis de Monteynard mettoit sous les yeux du Roi chaque compte qu'il recevoit. Sa Majesté convaincue par ces détails du vol qui lui avoit été fait, ordonna d'en dresser un compte général, & M. de Saint-Auban en fut encore chargé.

Motifs de l'établissement d'un Conseil de Guerre contre les Srs. de Bellegarde & de Montieu.

A la vue du tableau de la réforme, & à la vue des piéces qui constatoient tant l'enlevement des bonnes armes, que la transformation des mauvaises, les délits parurent si graves, que Sa Majesté décida la tenue d'un Conseil de Guerre, pour juger les coupables. Ce Conseil de Guerre ne fut donc point accordé à leurs clameurs audacieuses, ni à leurs feintes sollicitations, mais à la nécessité de venger le Roi & l'Etat.

L'Avocat la Balme, qui a blâmé l'établissement, les opérations, la Sentence du Conseil de guerre, commencé à l'Hôtel Royal des Invalides le 22 Juin, & fini le 12 Octobre 1773, sçait-il, est-il fait pour sçavoir ce que c'est qu'un Conseil de guerre : Qu'il y réfléchisse, & il sentira l'imprudence & l'absurdité des déclamations qu'il s'est permises.

Le délit du sieur de Bellegarde nécessitoit un Conseil de guerre, & il avoit osé le demander. Le délit du sieur de Montieu, indivisible de celui du sieur de Bellegarde, son beau-frere, le nécessitoit de même par sa complicité, & par sa qualité de *Fournisseur d'Armes de guerre privilégié*. Il n'est pas permis d'ignorer que ce n'est point la qualité des personnes, qui donne à un Tribunal l'attribution du délit, dans les Loix civiles & militaires. Tout le monde sçait au contraire que c'est la qualité des délits, qui donne l'attribution des personnes. Si l'arme est tellement identifiée avec celui qui la porte, qu'il ne peut rendre sans elle aucun service à la Patrie, on sentira que parmi les délits soumis à la compétence des Conseils de guerre, ceux de ravir des armes neuves, au lieu de vieilles achetées, & de revendre de vieilles armes pour neuves, se trouvent nécessairement dans la premiere classe.

Constitutions & Loix des Conseils de Guerre.

Différence entre les Tribunaux Militaires & les Tribunaux Civils.

UN CONSEIL DE GUERRE prononce d'après les Loix militaires, & un Tribunal civil juge d'après les Loix du Royaume. Les Loix militaires du Roi, contenues dans ses Ordonnances, n'ont d'autre promulgation, que d'être publiées à la tête des Troupes, ou d'être connues de ceux pour qui elles sont faites; les Loix civiles du Roi deviennent celles du Royaume par leur enregistrement dans les Tribunaux, & leur promulgation. Les premieres sont propres à des Sujets attachés particulièrement, de quelque maniere que ce soit, au Service militaire du Roi; les secondes, à des Citoyens libres. Les Juges des Conseils de guerre extraordinaires n'ont aucune portion de l'autorité du Roi; il se la réserve toute entiere; il ne fait que leur demander leur avis: les Juges des Citoyens libres sont dépositaires de l'autorité du Roi. Il la leur a confiée toute entiere; leur jugement se prépare, se prononce & s'exécute sans lui, parce qu'il la leur a transmise. Ainsi, dans tous les cas possibles, on peut appeller au Roi des Jugemens ou Arrêts rendus par des Juges dépositaires de l'Autorité Royale, qui ont pu en abuser. Alors le Conseil du Roi admet des Requêtes en cassation, prend connoissance de l'affaire sous les yeux de de Sa Majesté, & les Arrêts ou Jugemens rendus par les Tribunaux civils, sont confirmés ou infirmés par le Roi même.

Deux sortes de Conseils de Guerre.

Il y a deux sortes de Conseils de guerre : *les Conseils de guerre ordinaires*; *les Conseils de guerre extraordinaires*. Les premiers sont pour les cas simples & ordinaires, les autres pour les cas imprévus & compliqués.

Dans les Conseils de guerre ordinaires, les Ordonnances prononcent la peine de chaque délit militaire qu'elles citent. Ils ne sont assemblés sur la plainte particuliere qui les occasionne, que pour appliquer ces Ordonnances à l'espece du délit. Si le coupable du délit est envoyé aux galeres, lorsque les Ordonnances infligent la peine de mort, la Sentence est exécutée ; mais le Roi punit les Juges d'avoir mal appliqué l'Ordonnance.

Les Conseils de guerre extraordinaires, soit qu'ils se tiennent sous les yeux du Roi, ou loin de sa Cour, ne sont assemblés que par ses ordres particuliers. Sa Majesté, après avoir fait constater par des informations préliminaires les délits ou dommages commis contre son Service militaire, les dénonce dans son ordre.

A remonter au Ministere de M. de Louvois, & même au-delà, les Conseils de guerre extraordinaires ont été établis par des ordres motivés dans la même forme ; ces ordres ne sont différenciés que par la nature & la qualité du délit. Ainsi, dans les Conseils de Guerre extraordinaires, le Roi dénonce aux Juges le délit commis contre son Service militaire, les charge d'en recueillir juridiquement les preuves, ſuivant les formes qu'il a preſcrites, & de lui préſenter, dans leur Sentence, leur avis ſur la punition : cette Sentence n'a d'effet que par l'approbation formelle du Roi.

Formes. A l'égard des formes de la Procédure militaire, elles ſont les mêmes pour les deux ſortes de Conſeils de Guerre, & fixées par les Ordonnances, notamment celle de 1750 pour le Service des Places. Si ces Ordonnances militaires s'en referent à l'Ordonnance criminelle de 1670, preſcrite particuliérement aux Tribunaux ordinaires, ce n'eſt que pour les interrogatoires des Accuſés, l'audition, le récolement & la confrontation des témoins, & ſeulement en ce qui n'eſt pas contraire à la conſtitution des Conſeils de Guerre, telle qu'elle eſt établie dans l'Ordonnance concernant le Service des Places. T. DCIX

Comme les délits, dont connoiſſent les Conſeils de Guerre, ſont toujours des crimes d'Etat ou de lèſe-Majeſté au ſecond chef, & que les Loix ne donnent point de Conſeil aux Accuſés prévenus de tels crimes, ſi les Juges leur en accordent, c'eſt par bienfaiſance, & non par néceſſité.

Fonctions des Juges. Cependant les Juges ne peuvent faire avancer la Procédure qu'en recourant à l'autorité du Roi, chaque fois qu'il eſt queſtion, en vertu de leurs Jugemens particuliers, de quelque acte ou formalité hors de la Salle où ils ſiégent ; & de quelque maniere que le Roi leur procure les preuves qu'ils lui demandent par

Jugement, elles ſont toujours légales, parce qu'il ne donne ſes pouvoirs qu'à des perſonnes irréprochables, attachées à ſon Service militaire, dont l'état eſt de connoître des délits militaires, pouvant ſeuls les apprécier.

C'eſt donc le Roi lui-même qui donne à la Procédure toute ſon activité, & à la Sentence toute la ſanction qu'elle ne pourroit avoir ſans lui; comment pourroit-on trouver illégales des formes que le Roi a dirigées lui-même, ſelon ſes Loix militaires, & appeller au Roi d'un Jugement rendu par le Roi.

Ces principes furent expoſés au Conſeil des Depêches, avec la force & la vérité qui étoient en lui, par M. Gilbert de Voiſins, à l'occaſion de la Requête de trois Officiers condamnés à mort par le Conſeil de Guerre extraordinaire tenu en 1759, & le Roi les confirma.

Fonctions du Procureur du Roi.

Les fonctions de Procureur du Roi dans les Conſeils de Guerre, ſont d'être toujours en action; de requérir l'empriſonnement des Accuſés ſur le délit énoncé dans l'ordre du Roi; de préſenter piéce à piéce le détail du délit, & de le raſſembler en corps; de pourſuivre inceſſamment ce qui peut avancer la conviction de ceux qui en ſont prévenus; de requérir que les Juges s'adreſſent au Roi pour faire conſtater de nouveau, en vertu de leurs Jugemens, & de maniere qu'elles leur deviennent propres, les informations proviſoires ordonnées par ſon Miniſtre, & opérées authentiquement par ſes Officiers; d'interroger les Accuſés aſſiſté du ſeul Greffier; d'entendre les témoins, de faire les récolemens & les confrontations ; d'assister à toutes les délibérations du Conseil, qui seroient nulles s'il n'y étoit pas ; enfin d'être présent, après ses conclusions définitives, au dernier interrogatoire des Accusés, à leur Jugement & à la rédaction de la Sentence.

Tels sont les principes qui devoient diriger, & qui ont dirigé en effet le Conseil de Guerre tenu à l'Hôtel Royal des Invalides, contre les sieurs de Bellegarde & de Montieu.

Application des Loix des Conseils de Guerre au cas présent.

L'IMPORTANCE d'un délit qui intéressoit, & qui intéresse encore le salut de l'Etat, se manifeste par la dignité même des Juges que le Roi a nommés : Monseigneur le Duc de Biron, Pair & Maréchal de France, Président; MM. le Comte de Nicolaï, le Marquis de Levis, le Comte de Lillebonne & le Chevalier de Fontenay, Lieutenans-Généraux; MM. le Comte d'Apchon, le Baron d'Espagnac, le Comte de Narbonne, & de Breande, Marechaux-de-Camps. Auroit-on jamais cru que des coupables trop ménagés eussent osé répandre des nuages sur les lumieres, la délicatesse & l'intégrité de pareils Juges ?

Ordre du Roi portant dénonciation.

L'ordre du Roi, du 8 Juin 1773, a dénoncé des coupables dont le délit nécessitoit la tenue d'un Conseil de Guerre. Aucun Tribunal ne peut refuser de faire arrêter un Domestique ſur la ſimple dénonciation de ſon Maître. Accuſés d'énormes prévarications dans les Arſenaux, les ſieurs de Bellegarde & de Montieu étoient prévenus d'un délit domeſtique, d'un crime d'Etat, d'un crime de lèſe-Majeſté au ſecond chef; ils devoient donc être arrêtés ſur la ſeule dénonciation du Roi, (& même plutôt ſur les informations préliminaires ordonnées par ſon Miniſtre.) Le Procureur de Sa Majeſté devoit dès la premiere ſéance le requérir, & MM. les Juges s'adreſſer au Roi en conſéquence.

La modération de Sa Majeſté, prouvée déja par le choix des Juges, a guidé l'action de ſon Procureur; les réquiſitoires de ce Procureur, & la demande des Juges à Sa Majeſté pour la détention des Accuſés, ont été différés; il a fallu que la lecture des informations préliminaires les pénétrât de la grandeur du crime, & le ſieur de Bellegarde n'a été arrêté qu'après la cinquiéme ſéance.

L'intérêt des ſieurs de Bellegarde & de Montieu avoit demandé que le ſieur de Bellegarde exécutât ſeul la réforme, c'eſt-à-dire, ſans contradicteurs; & cet avantage lui étoit aſſuré par le contenu des lettres qu'il avoit reçues, & par le contenu de celles adreſſées aux Directeurs d'Artillerie: la ſûreté des deux beaux-freres exigeoit que ce Réformateur fût dégagé, s'il étoit poſſible, de tout le poids de ſon iniquité Pour la couvrir par un artifice digne du projet, le ſieur de Bellegarde fabrique des Procès-verbaux, dont le préambule

EXTENSION de pouvoirs demandés ſur l'apparente complicité des Directeurs & autres Officiers d'Artillerie.

infidèle chargeoit ses Chefs & ses Camarades, s'ils le signoient. Il étoit de la sagesse des Juges d'approfondir cette apparente complicité; un ordre du Roi, du 25 Juillet, demandé selon les formes des Conseils de Guerre, leur en donna le pouvoir, & l'examen leur prouva que ce n'étoit qu'une perfidie à ajouter aux infidélités du sieur de Bellegarde.

M. de Gribeauval, après avoir approuvé le projet de la réforme des Armes, dans sa réponse à M. du Bois, y déclare » que si cette » réforme étoit exécutée par différens Direc- » teurs qui s'y connoissent peu, elle seroit im- » parfaite ou outrée, & l'estimation mal faite; » & il n'y nomme que le sieur de Bellegarde, comme Officier *de confiance*, *connoisseur*, capable de la bien faire.

No. 10. Dans sa réponse à M. Gayot, (1) pour l'empêcher de s'arrêter aux réclamations faites contre la réforme, le même Officier Général lui dit : » Presque tous les Officiers d'Artille- » rie, sur-tout les anciens, ont en ce genre » des prétentions aux connoissances; mais j'ose » vous assurer qu'elles sont bien mal fondées,

---

(1) Outre l'aveu de M. de Gribeauval dans cette Lettre, on est assuré que plusieurs Officiers d'Artillerie ont fait, par écrit, des représentations contre la Réforme ; leurs Lettres, la Minute même de M. Gayot à M. de Gribeauval, & tous les Papiers qui pouvoient servir à dévoiler le mystere, ont été supprimés dans les Bureaux ; on y trouve même une lacune de trois ans au compte que le Ministre avoit ordonné au Sieur de Bellegarde de lui rendre sur ses opérations. Les Lettres de M. de Gribeauval ne paroissent avoir été conservées que pour défendre la Réforme.

» car ils n'en ont d'autres que celles qu'ils ont » puisées chez les Gardes & chez les Armu- » riers ; » & il y loue l'opération du sieur de Bellegarde.

Les lettres du Ministre écrites (en consé- No. 5.
quence de la réponse de M. de Gribeauval à M. du Bois,) tant aux Directeurs qu'au sieur de Bellegarde, chargent si exclusivement le sieur de Bellegarde de l'opération entiere, qu'en prescrivant aux Directeurs de se concerter avec lui, elles leur en ôtoient le pouvoir. Ce concert apparent étoit réduit à faire ouvrir les Arsenaux, à comprendre dans l'état des armes mises précédemment par eux hors de l'entretien, celles que réformeroit l'*Officier de confiance*, & à faire mention du prix qu'il auroit fixé pour les unes & pour les autres.

Le sieur de Bellegarde, certain d'être soutenu, a osé, de sa seule autorité, transformer en procès-verbaux les simples états demandés par le Ministre ; & à dessein de charger ses Anciens & ses Collégues de toutes ses malversations, il feint, dans ses procès-verbaux, de leur rendre les connoissances que M. de Gribeauval leur avoit ôtées ; il les revêt, dans le préambule, d'un pouvoir que le Ministre avoit entendu expressément leur refuser ; il se les associe à un *examen scrupuleux* qu'ils n'ont pu faire avec lui, puisqu'il ne le faisoit pas lui-même ; il profite donc ainsi de leur confiance en son honnêteté, pour abuser d'une signature qu'ils ne pouvoient refuser à la décharge des Gardes.

Cet excès de précautions artificieuses disculpoit déja pleinement les Directeurs & autres Officiers d'Artillerie aux yeux du Conseil de Guerre; cependant, pour s'assurer davantage, il a souhaité sçavoir, mais extrajudiciairement, si, dans le fait, quelqu'un d'eux avoit coopéré à la réforme; s'ils croyoient avoir droit de s'y opposer; dans qu'elle vue ils avoient signé les procès-verbaux.

A la lecture de leurs déclarations reçues par les Commissaires des Guerres, en présence des Commandans des Places, MM. les Juges ont reconnu irrévocablement que les fonctions de ces Officiers, nonobstant leur signature, étoient nulles dans le fait, puisqu'ils n'avoient eu aucune part à la réforme; elles étoient nulles par le droit, puisque le Ministre leur avoit ôté tout pouvoir: ainsi ils n'étoient en rien complices du sieur de Bellegarde, & ne pouvoient être mis au procès.

Délicatesse du Sieur Picques.

Le sieur Picques, Colonel au Corps Royal de l'Artillerie, & Sous-Directeur, averti par ses Supérieurs, dont *une lettre est au procès*, de ne s'opposer en rien à ce que feroit le sieur de Bellegarde, a signé le dernier d'environ cent procès-verbaux fabriqués par le Réformateur. A l'exception de cette signature ordonnée d'une part & de l'autre, indispensable pour constater, à la décharge des Gardes, le nombre d'armes enlevées, il n'a ni procédé ni participé à la réforme.

Nommé Procureur du Roi, il en remplissoit les fonctions avec zèle depuis un mois; sa délicatesse s'alarma au seul mot prononcé de la complicité apparente des Officiers qui avoient signé ; il présenta, le 18 Juillet, sa démission au Conseil de Guerre, pour être mise sous les yeux du Roi, demandant sur-tout de n'être pas séparé de ses camarades, si leur signature les rendoit coupables. MM. les Juges louerent sa délicatesse, & refuserent sa démission.

Le sieur de Bellegarde n'ignora pas cette tentative; sentant par ses interrogatoires que sa conduite étoit pénétrée, & espérant sans doute rompre le Conseil de Guerre, ou en allonger la durée, il profita de l'avis pour présenter, le 26 Juillet, une Requête en récusation contre ce Procureur du Roi. A cette démarche déplacée, le sieur Picques insista de nouveau sur sa démission : elle fut jointe au compte adressé le même jour au Ministre, pour obtenir les ordres du Roi sur ces deux objets.

Le sieur Chevalier du Puget, nommé Procureur du Roi à la place du Sieur Picques.

Le Roi voulut bien avoir égard à la demande du sieur Picques ; & le sieur Chevalier du Puget, Lieutenant-Colonel, fut nommé pour continuer les fonctions de Procureur du Roi, en vertu de l'ordre du 2 Août, conçu selon les formes usitées en pareil cas ; & l'on sentira sans doute qu'un changement de Procureur du Roi ne peut interrompre l'action d'une procédure dirigée uniquement par le Roi.

Extension de pouvoirs contre le Sr. de Montieu.

Les Lettres-Patentes accordées, en tant que de besoin, n'annoncent pas le défaut de compétence du Conseil de Guerre sur le sieur de

Montieu; mais la néceſſité qui ſe trouve dans la conſtitution de ces Conſeils de Guerre, de proportionner l'étendue des pouvoirs à l'accroiſſement de l'inſtruction. MM. les Juges ne ſe ſont adreſſés au Roi, le 20 Août, pour la détention du ſieur de Montieu, qu'après avoir obtenu de S. M. par Lettres-Patentes du 19, enregiſtrées le 20, une extenſion de pouvoirs contre lui.

Compétence du Conſeil de Guerre ſur le Sr. de Montieu.

Sa complicité avec le ſieur de Bellegarde, annoncée dans l'ordre du 8 Juin, devenoit certaine par les premiers interrogatoires de cet Officier, par l'aveu tardif d'un mariage ſecret, qui en étoit le lien, par ſa lettre au ſieur Jourgeon ſon aſſocié, par l'examen, en vertu d'un Jugement du Conſeil de Guerre, ſous les yeux de l'un des Juges nommé Commiſſaire à cet effet, des armes neuves enlevées des Arſenaux à ſon profit, contre la teneur de ſa ſoumiſſion, & par celui des armes vieilles, déguiſées & rendues au Roi pour neuves, en ſa qualité de Fourniſſeur d'armes de guerre *privilégié*.

Ce double délit militaire décidoit directement & ſans réplique la compétence du Conſeil de Guerre contre lui.

A quoi pouvoient donc ſervir ſes Requêtes *à fin déclinatoire*, motivées ſur ſes qualités de *Négociant* & de Secrétaire du Roi? Ces deux qualités annulloient-elles ſes engagemens militaires, comme acquéreur de vieilles armes, en vertu d'une ſoumiſſion, & comme fourniſſeur de neuves *privilégié?* Un Soldat, fût-il Secrétaire du Roi, fût-il même Gentilhomme, a la tête caſſée s'il déſerte, & eſt pendu s'il vole dans les Arſenaux, parce que la qualité du délit néceſſite l'attribution des perſonnes.

Vérifications déja légales, rendues propres au Conſeil de Guerre.

Il étoit indiſpenſable que les vérifications légales, preſcrites par le Miniſtre dans la forme la plus authentique, & exécutées par des perſonnes dont l'état étoit d'en connoître, fuſſent revêtues d'un caractere qui les rendît propres au Conſeil de Guerre. MM. les Juges ſe ſont adreſſés au Roi pour que S. M. donnât ordre de conſtater de nouveau ces vérifications, en vertu de leur Jugement du 26 Juillet. En conſéquence elles ont été conſtatées aux dépôts du ſieur de Montieu, tant pour la qualité des 102700 armes de ſervice remiſes ſous la main du Roi, que pour l'eſtimation de leurs réparations; & à Grenoble, Fort-Barraux, & Fort-Louis du Rhin, pour les marques viſibles de vétuſté reconnues à 10056 fuſils du modèle léger marqués 65, & fournis par le ſieur de Montieu. Ces marques de vétuſté ſont des culaſſes creuſées par la poudre & qui ont leurs filets uſés; d'anciennes lumieres évaſées en-dedans, retrécies extérieurement à coups de marteau; des chambres nombreuſes & profondes; des canons amaigris & affoiblis en-dedans & en-dehors pour en enlever les défectuoſités, manquant de proportions, beaucoup plus légers que les canons véritablement neufs; des contrôles differens; des canons retournés avec deux lumieres oppoſées; d'autres ayant la lumiere abſolument bouchée par de vieilles culasses, des traces d'anciens tenons mal effacés, &c. (1)

Procès-verbaux d'envoi de ces armes, rendus propres au Conseil de Guerre.

Pour que MM. les Juges pussent voir & faire reconnoître aux accusés la qualité des armes réformées, & la qualité des fusils fournis pour neufs, le Ministre avoit fait venir à l'Hôtel Royal des Invalides un nombre suffisant de fusils pris dans ceux remis sous la main du

(1) Entre les preuves de vétusté, ces Experts avoient reconnu un affoiblissement irrégulier à l'extérieur des canons, pour en effacer les anciennes marques trop profondes, & une augmentation dans leur calibre vers le tonnerre. Le Sieur de Bellegarde a assuré qu'il avoit pratiqué cet évasement à tous les fusils marqués 65, pour y adapter son secret à dez. Cette réponse décele deux faussetés: 1°. Dans les 28000 fusils marqués 65, examinés à Grenoble, Fort-Louis du Rhin, &c. ceux dont les canons ont été jugés bons & neufs, n'ont pas ce dangereux évasement; 2°. Le Sieur de Bellegarde n'étoit pas encore Inspecteur en 1765; ce modèle n'a pu être exécuté qu'en 1767; ce prétendu secret n'a été éprouvé qu'en 1767. Comment donc le Sieur de Bellegarde, avant que d'être Inspecteur à St. Etienne, y a-t'il préparé 90000 armes marquées 65, pour un secret prétendu qu'alors il n'avoit pas encore proposé, & que l'essai même a fait rejetter?

Tous les Réglemens prescrivent que l'intérieur du canon soit cylindrique. La Manufacture de St. Etienne y auroit-elle contrevenu? En le supposant, quel nom donner à la hardiesse du Sieur de Bellegarde de les avoir enfreints sans ordre?

Ses Protecteurs publient qu'il y a encore dans les Arsenaux plus de 60000 bonnes armes ainsi préparées (c'est-à-dire, le restant des 90000 armes de St. Etienne, marquées 65;) dans quelle vue? sinon pour éviter au Sieur de Montieu la perte de son profit sur la plus grande partie de ces Armes. Cependant c'est le favoriser aux dépens de la vie du Soldat; ce seroit bien pis, s'ils parvenoient à perpétuer ce danger, en faisant accepter un nouveau modèle dont toutes les dimensions seroient ménagées pour couvrir les malversations des deux beaux-freres.

Roi à Metz & à Valenciennes, & un nombre ſuffiſant de fuſils pris dans ceux envoyés pour neufs au Fort-Louis. Les Procès-verbaux de ces envois, & les cachets des Officiers-Majors des Places, appliqués ſur chacune de ces armes, *priſes au haſard* en leur préſence, prouvoient les précautions authentiques, employées pour qu'aucune ne fût changée. MM. les Juges ſe ſont rendu propres ces Procès-verbaux, en demandant au Roi qu'ils fuſſent légalement conſtatés en vertu de leur Jugement.

C'eſt le Roi qui a donné ordre aux Témoins particuliers & aux Témoins néceſſaires de ſe rendre à Paris, en vertu des Jugemens du Conſeil de Guerre.

Témoins mandés par le Roi.

L'enquête proviſoire faite à St. Etienne, par ordre du Miniſtre, ſur la qualité & quantité d'armes provenant de la réforme, dépoſées dans les Maiſons du ſieur de Montieu, & ſur la transformation de ces armes en armes neuves du modèle leger, contenoit les dépoſitions de cent Témoins; elle a été rendue propre au Conſeil de Guerre, en vertu de ſes Jugemens par ordre du Roi, qui y a fait entendre de nouveau les mêmes cent Témoins, & en a fait venir à Paris un nombre ſuffiſant pour être entendus une troiſiéme fois, récolés & confrontés.

Enquête légale rendue propre au Conſeil de Guerre.

Aſſuré qu'environ 28000 armes fabriquées à St. Etienne d'un modèle preſcrit à la fin de 1766, étoient cependant marquées de l'an-

Vérification légale du nombre d'armes marquées 65.

née 1765, le Conseil de Guerre a senti cet artifice, & a voulu connoître jusqu'où il avoit été porté. Les Procès-verbaux faits à la Ville & Citadelle de Strasbourg, au Fort-Louis du Rhin, à Lyon, à Marseille, au Fort St. Jean de Marseille, à Toulon, à Grenoble, au Fort-Barraux, en vertu de ses Jugemens & des ordres du Roi, par les Commissaires des Guerres, comme tous les précédens, ont prouvé qu'il étoit sorti de Saint-Etienne 90000 armes marquées ainsi de l'année 1765 : d'où il suivoit que la Manufacture de Saint-Etienne auroit fabriqué (avant l'établissement de ce modèle) en une seule année, ce qu'elle ne peut faire au plus qu'en trois, selon les registres de la Salle aux armes de Lyon, mis sous les yeux de MM. les Juges, & qu'elle n'auroit fabriqué aucune arme pour le Roi pendant les années 1766, 1767, 1768 & 1769, n'en paroissant aucune marquée de ces années, quoiqu'il n'y ait eu aucune interruption à son travail pour le Roi.

Commissaire nommé par Jugement, pour vérifier une troisième fois les armes déposées à l'Hôtel Royal des Invalides. (1)

Un de MM. les Juges, en vertu du Jugement du 28 Juin, a été présent, avec le Procureur du Roi, à la vérification faite par les Contrôleurs des Manufactures de Maubeuge & de Charleville, des armes envoyées à l'Hôtel Royal des Invalides, tant celles provenant de la réforme, que celles provenant de la fourniture du sieur de Montieu comme armes neuves

(1) Ces Armes sont en dépôt à l'Arsenal de Paris, pour être des témoins invariables de la double prévarication.

du modèle léger ; le rapport du Commissaire a confirmé, pour la troisiéme fois, l'état de ces armes.

Quatriéme vérification légale des armes déposées à l'Hôtel Royal des Invalides.

Quoiqu'il ne restât plus de doute sur la qualité de ces armes, qui, prises au hasard entre beaucoup d'autres de même espece, servoient de conviction sur la qualité de celles dont elles completoient le nombre, le Conseil de Guerre demanda au Lieutenant-Général de Police (M. de Sartine,) de nommer deux Armuriers de Paris *pour les vérifier une quatriéme fois*, afin que *la preuve de la double prévarication fût entiere & parfaite.* Les sieurs Puiforcat, seul titré Arquebusier du Roi, & Croisier, Maître Arquebusier de Paris, firent cette vérification en présence du Conseil de Guerre assemblé le 3 Septembre ; elle fut signée par eux & par chacun de MM. les Juges. *Ce qui confirmoit irrévocablement, pour la quatriéme fois, que les armes provenant de la réforme étoient neuves, bonnes & vendues au-dessous de leur juste valeur*, & que celles du modèle léger, fournies au Roi pour neuves par le sieur de Montieu, étoient fabriquées avec des canons jugés vieux par les Experts susnommés.

Deux Commissaires accordés à la délicatesse du Sr. Picques, Procureur du Roi.

Suivant les Loix des Conseils de Guerre, c'est le Procureur du Roi, qui, assisté du seul Greffier, doit interroger les accusés, entendre les témoins, les récoler & les confronter avec les accusés. Le Sieur Picques, pour éloigner jusqu'à la moindre apparence de partialité dans l'exercice du ministere de rigueur dont il étoit chargé, supplia MM. les Juges de nommer deux Commissaires pour y être présens ; MM. d'Espagnac & de Breande furent choisis pour présider aux interrogatoires, dépositions, récolemens & confrontations qu'ils ont signés avec les accusés & les témoins.

Le Sieur du Puget, qui lui a succédé, ne s'est jamais écarté de cette modération ; il a constamment partagé avec MM. les Commissaire, les attentions, les prévenances & les ménagemens même qu'il se pouvoit permettre envers les Sieurs de Bellegarde & de Montieu.

Dans l'audition des témoins, dans les récolemens & les confrontations, ainsi que dans les interrogatoires & dans tout le reste de la procédure, on n'a donc jamais perdu de vue les principes qui doivent diriger les Conseils de Guerre ; & aux formes légales qui leur sont particulieres, on a uni, suivant l'Ordonnance concernant le Service des Places du 25 Juin 1750 & les suivantes, celle de l'Ordonnance criminelle de 1670. (1)

Preuves des délits.

No. 3. Premier délit ou réforme immodérée.

Le Sieur de Bellegarde a proposé la réforme des Armes, en demandant qu'elles fussent vendues entieres à un Entrepreneur ; il a

(1) Quelle présomption & quelle ignorance d'attaquer les procédés d'un Conseil de Guerre dans l'observation des Loix mêmes qui les distinguent des Tribunaux Civils ! Annuller cette différence pour astreindre un Conseil de Guerre à d'autres formes, c'est vouloir en changer la constitution.

exécuté

exécuté ſeul cette réforme, muni de pouvoirs ſurpris pour en abuſer; il a donné dans ces Procès-verbaux fabriqués à deſſein, des qualifications fauſſes aux Armes, dont il privoit les Arſenaux en les vendant à vil prix.

Comment MM. les Juges ſe ſont-ils convaincus de l'infidélité de ces Procès-verbaux du Réformateur? Par la comparaiſon qu'ils ont faite de ces Procès-verbaux avec les piéces authentiques que la Loi leur indiquoit: Ces Piéces authentiques ſont 1°. les inventaires des Places, antérieurs à la réforme; 2°. les Procès-verbaux de vérification des Armes tirées des dépôts du Sieur de Montieu, & remiſes ſous la main du Roi; Armes conformes à l'indication des inventaires. Preuves par écrit,

Il réſulte donc de la comparaiſon de ces deux eſpeces de piéces authentiques, avec les Procès-verbaux fabriqués par le Sieur de Bellegarde, que la prévarication exiſte. En quoi conſiſte-t'elle? 1°. En 472000 Armes environ, vendues à vil prix au Sieur de Montieu; ſçavoir, 366000 environ à 14 ſols 6 den. l'une dans l'autre, & que les inventaires réclament comme neuves, bonnes & de ſervice, les unes ſans réparations, les autres réparables l'une dans l'autre à 26 ſ. au plus. 2°. En 105000 environ, vendues comme ferraille à 6 ſols chacune. Quelle énorme dévaſtation d'une part & de l'autre! quelle coupable infidélité dans l'eſtimation!

Cette premiere preuve légale ſuffiſoit déja

pour aſſeoir un Jugement contre le Sieur de Bellegarde, plutôt Raviſſeur que Réformateur, & contre le Sieur de Montieu ſon complice, attendu ſa ſoumiſſion envers le Roi de ne recevoir que de vieilles Armes, & ſa qualité de beau-frere du Sieur de Bellegarde.

Second délit, ou transformation des vieilles armes en neuves.

La vente en Afrique & à l'Etranger en Europe ne pouvoit épuiſer cette énorme quantité d'Armes enlevées au Roi; ils ont ſuppléé à l'inſuffiſance de ces deux débouchés, en aſſimilant les plus mauvaiſes aux proportions du modèle léger ; & pour déguiſer cette malverſation & aſſurer leur gain illicite contre toutes recherches, ils ont employé une double fauſſeté : la premiere, de marquer de l'année 1765 des Armes dont la fabrication n'a pu commencer qu'en 1767 ; la ſeconde, de marquer d'une ſeule année des Armes qui n'ont pu être fabriquées qu'en trois.

Preuves par écrit.

Ce ſecond délit, c'eſt-à-dire, la transformation des Armes vieilles en neuves du modèle léger, eſt d'abord prouvé, comme le premier, par des piéces authentiques. Ces piéces ſont, 1°. le Regiſtre de la Salle de Lyon, où ont été dépoſées ces Armes, qui portent ſur la platine le nom de la Manufacture de St. Etienne, & les autres marques au tonnerre ; 2°. les inventaires des Places où elles ont été envoyées de Lyon ; 3°. les Procès-verbaux des vérifications de ces mêmes Armes, légalement exécutées par les ordres du Miniſtre, & rendues propres au Conſeil de Guerre, en vertu de ses Jugemens ; seule forme admissible par la Loi des Tribunaux Militaires.

Les Sieurs de Bellegarde & de Montieu pouvoient donc aussi être légalement jugés sur cette preuve de leur second délit ; l'un, comme *Fournisseur d'Armes de Guerre privilégié ;* l'autre, comme Inspecteur de la Manufacture de son beau-frere.

Preuves par interrogatoires.

Leurs interrogatoires fournissent une seconde preuve de leurs délits. Persuadés que l'étendue de leurs pouvoirs couvriroit leurs infidélités, & que leurs précautions en déroberoient la vue, ils ont fait inutilement des réponses concertées.

Interrogatoire du Sr. de Bellegarde. Premier délit.

Le Sieur de Bellegarde est constamment tombé dans les plus fortes contradictions. Interrogé sur la réforme, il a soutenu qu'il avoit operé, les inventaires des Places à la main ; & quand on lui a présenté ces inventaires tirés du Bureau, il a affecté de les méconnoître. Il a répondu n'avoir considéré que les intérêts du Roi, en fixant le prix des Armes ; & voulant justifier la vilité de ce prix par un tableau de finance fait pour déguiser au Ministre le profit de l'Acquéreur favorisé, il a montré combien l'intérêt du Roi a été sacrifié à l'intérêt particulier. Il opposoit, (& c'étoit son unique moyen de défense) les Lettres du Ministre, pour autoriser l'excès de sa réforme, sans s'appercevoir qu'il avoit rendu nuls ces pouvoirs, *en se soustrayant arbitrairement aux conditions qu'elles lui imposoient.* Il s'est plaint de n'avoir pas été appellé aux vérifications, & il a dit qu'il n'auroit pas reconnu les Armes. Après avoir assuré, contre la vérité des faits, qu'il avoit par-tout scrupuleusement examiné les Armes, il a été forcé de convenir, à la vue de ses Procès-verbaux, qu'il avoit fait enlever des Armes dans des Villes & dans des Arsenaux où il n'étoit pas entré. S'il trouvoit jour à faire valoir ses connoissances, il parloit comme ayant fait seul l'opération; & quand il ne pouvoit se dissimuler à lui-même la prévarication, il se disoit toujours soumis à ses Supérieurs, ou collégue des autres Officiers; s'avouant ainsi coupable, pourvu qu'il eût des complices, &c. Interrogé sur la transformation des vieilles armes en armes neuves, il l'a soutenue physiquement impossible; & quand on a voulu lui présenter des Armes ainsi transformées, il a dit que c'étoit l'ouvrage de ses ennemis. Pour prouver cette impossibilité, il a avancé (1) que les anciens canons de fusils de munitions n'avoient que douze lignes de diamétre, à quatre pouces du derriere; & quand on lui a montré, par les Réglemens & les marchés passés depuis 1730, qu'ils en ont seize au tonnerre, par conséquent assez d'épaisseur de fer, pour que la lime efface les pans & les anciennes marques, en les réduisant au modéle léger, qui n'a que 14 lignes de diaméttre au tonnerre, il s'est retranché à dire

Second délit.

(1) Les fusils de rempart ont 16, 17, & même 18 lignes de diametre au tonnerre. Tous les Réglemens, même celui de 1763, prescrivent 16 lignes. Le modèle de 1766 n'en a que 14. Ce n'est, sans doute, qu'en niant ces dimensions,

qu'il ignoroit (1) les anciens Réglemens, & qu'il s'étoit contenté de prendre les dimenſions ſur des canons de rebut. Pour ſeconde preuve de cette impoſſibilité, il a prétendu que la trace des anciens tenons étoit ineffacable, oubliant que par le raccourciſſement du canon, & par l'emplacement des nouveaux tenons, il a lui-même aſſuré la facilité d'enlever cette trace, ou de la couvrir, en mettant le tenon de la bayonnette ſur la place de l'ancien tenon.

Interrogatoire du Sr. de Montieu.

Premier délit.

Le Sieur de Montieu interrogé ſur la réforme, s'eſt excuſé de ſa complicité, en convenant qu'on pouvoit bien lui avoir vendu beaucoup d'Armes neuves, mais qu'il les avoit reçues, ſans les voir & ſans les examiner. C'étoit charger ſon beau-frere, ſans ſe diſculper. Il a reconnu ſa Lettre au Sieur Jourgeon, pour lui annoncer en 1767 l'envoi de 20000 Armes, *la plupart toutes neuves*, dit-il, & lui recommander le *ſecret ;* il avoit donc vu ces Armes. Prétendre qu'un tel aveu n'eſt qu'une plaiſanterie, pour tromper ſon ami, c'eſt joindre mal-adroitement l'impudence à l'infidélité. Interrogé ſur la transformation des vieilles Armes, ſes réponſes ſe réduiſent eſſen-

Second délit.

---

ou en les tranſportant d'un modèle à l'autre, que les Sieurs de Bellegarde & de Montieu ſont parvenus à ſe procurer les certificats de quelques Arquebuſiers de Paris. Tous les certificats poſſibles ne prouveront jamais qu'on ne puiſſe trouver 14 lignes dans 16.

(1) Cet aveu eſt bien ſingulier de la part d'un homme dont M. de Gribeauval a ſi fort exalté les connoiſſances.

tiellement à trois. Il en a d'abord soûtenu l'impossibilité physique, aussi inconsidérément que son beau-frere, convenant cependant que dans le nombre des Armes réformées, il auroit pu s'en trouver quelques-unes susceptibles de cette transformation. La seconde réponse est que ses livres & ceux de ses Ouvriers constatent, livraison par livraison, qu'il leur a fourni tout le fer nécessaire pour la fabrication des Armes neuves vendues au Roi. Cette réponse tombe d'elle-même, si on réfléchit que les branches de son commerce libre, ses marchés particuliers avec différens Corps de Troupes, & avec l'Etranger, & quelques Armes vraiment neuves vendues au Roi, épuisoient conjointement ces livraisons de fer. Il a dit ensuite que s'il étoit sorti de mauvaises Armes de sa Manufacture, il falloit s'en prendre à l'Inspecteur, aux autres Officiers, & aux Contrôleurs chargés des réceptions. Cette troisiéme réponse n'est aussi qu'une défaite, attendu que n'y ayant point de Salle aux Armes à St. Etienne, où elles pussent être mises sous la main du Roi après leur réception, ces Armes étoient au contraire à la discrétion de l'Entrepreneur dans ses magasins, & il a pu, sans le concours des Officiers & des Contrôleurs, entremêler des vieilles Armes transformées avec les neuves.

Les Srs. de Bellegarde & de Montieu interogés sur la sellete.

L'un & l'autre interrogés sur la sellette par M. le Maréchal de Biron, & successivement par MM. les autres Juges, avec tout l'encouragement que permettoient leurs fonctions;

les réponſes des coupables, bien-loin de les juſtifier, n'ont fait qu'aggraver les motifs de leur condamnation.

Preuve par témoins.

A la ſeconde preuve des délits, tirée de la bouche même des accuſés dans les interrogatoires, s'en joint une troiſiéme plus forte encore; c'eſt celle que les dépoſitions des témoins ont donnée.

Témoins particuliers.

Cinq Officiers, dont deux Colonels & les autres Capitaines, tous également diſtingués par la nobleſſe de leurs ſentimens, & huit Armuriers, citoyens ſans reproche, appellés des extrémités du Royaume, ainſi que les Officiers, ont été entendus les premiers ſur la réforme.

Il réſulte principalement de leurs dépoſitions que le Réformateur infidèle a précipité ſon opération de maniere à s'ôter la faculté de la bien faire; que s'il entroit dans les Arſenaux, il y reſtoit peu; qu'il y menaçoit les Armuriers & les Gardes, à la plus légere oppoſition; qu'il y éludoit les repréſentations des Officiers, quand ils y paroiſſoient; qu'il a ôté par le fait à ces Officiers, dans ſon opération, toute la participation qu'il leur y attribue par écrit; qu'au lieu d'un *examen ſcrupuleux* fait *de concert*, il ſe contentoit d'obſerver en leur préſence quelques taches avec une loupe; qu'il y a eu très-peu d'Armes déculaſſées; qu'il n'a point fait d'épreuves à feu (quoiqu'on ait aſſuré à M. de Gribeauval, *qu'il avoit fait ſubir l'épreuve ordinaire aux moins mauvais de ces canons;*)

que dans le petit nombre de ces canons, qu'il vouloit faire casser, comme mauvais, plusieurs en se tordant, se sont refusés à sa décision ; que tout prouve qu'il n'a eu aucun égard au prix de trois & de cinq livres de réparation, prescrit pour que l'Arme fût réformable ; qu'il ne paroissoit ordinairement aux Salles, que pour fixer, en passant, le prix de chaque tas, où son Armurier avoit, au premier coup d'œil, rangé les Armes à la descente des rateliers ; qu'il a souvent désigné le nombre d'Armes à prendre, avant d'entrer dans les Arsenaux, ou d'être arrivé dans les Villes ; qu'il s'est même dispensé d'aller dans quelques Places, où il n'y avoit point d'Officiers, en prescrivant aux Gardes le nombre d'Armes à livrer ; qu'il a dépouillé entiérement plusieurs Arsenaux des Côtes ; qu'il a presque par-tout laissé les mauvaises Armes de *préférence* ; qu'il a enlevé des fusils de rempart neufs, du calibre régulier, des fusils neufs de Soldats, du modèle immédiatement antérieur à celui de 1754, & même des fusils neufs du modèle de 1754 ; & que le Sieur de Montieu a refusé dans quelques Places 7 livres des fusils réformés par son beau-frere.

Témoins nécessaires.

Les deux freres Vigniat étoient témoins nécessaires, en ce qu'ils ont exécuté la réforme, par les ordres précis du Sieur de Bellegarde. Leurs dépositions confirment généralement & particuliérement celles des autres témoins. L'aîné, qui n'a point quitté le Sieur de Bellegarde, a ajouté que cet Officier lui avoit ordonné de réformer les Armes qui auroient au canon la plus légere marque de feu, & au bois une piquure de ver; qu'en lui laissant à peine le tems de descendre les Armes des rateliers, il ne cessoit de se plaindre de sa lenteur; qu'il auroit fallu plus de 15 ans à deux bons Armuriers, pour exécuter cette immense réforme, comme elle devoit l'être; qu'il avoit souvent gémi d'être forcément l'agent d'une pareille dévastation. Le cadet a terminé sa déposition, semblable, quant au fond, à celle de son frere, par dire qu'au bout de trois mois, sa conscience lui avoit suggéré de faire le malade, pour ne plus participer au ravage qu'il voyoit faire. Si ces deux témoins nécessaires, arrivés librement, ont été mis au secret, & non au cachot, avant d'être entendus, & seulement détenus pendant le cours de la procédure, c'est parce que aucun Tribunal ne peut s'abstenir de cette précaution, dans le cas d'apparente complicité où ils se trouvoient.

Témoins venus de St. Etienne.

Plusieurs des témoins arrivés de St. Etienne, du nombre des cent entendus dans la seconde enquête, ont confirmé que parmi les Armes provenant de la réforme, & placées dans les établissemens du Sieur de Montieu, il y en avoit quantité de neuves; que cet Entrepreneur avoit fourni à la Légion de Haynaut 300 fusils neufs, du modèle de 1754, qui provenoient aussi de la réforme, &c. (1)

(1) C'étoit revendre au Roi 22 liv. 5 sols, avec la bayonnette, des fusils achetés 11 sols 6 den. avec la bayonnette.

A l'égard de la transformation des vieux fusils au modèle léger, ces mêmes témoins ont confirmé, chacun dans sa partie, ce qu'annonçoit l'enquête ; sçavoir, qu'eux, ou d'autres dont ils avoient connoissance, avoient travaillé à recouper & à arrondir des canons à pans, & à en enlever les marques & les tenons, pour les mettre au modèle léger ; que l'on avoit travaillé en secret dans des atteliers où les Sieurs de Bellegarde & de Montieu s'étoient réservés d'entrer seuls ; que les agens de ces derniers avoient à leur disposition le poinçon du Contrôleur, le faisoient construire ou réparer ; que les Armes reçues par les Officiers & les Contrôleurs restoient des mois entiers dans des emplacemens appartenans au Sieur de Montieu, où elles étoient emballées pour Lyon, sans la participation des Officiers en sous-ordre, &c. Ces dépositions ont revêtu de toute la force possible celle du nommé Alaric, Armurier de Grenoble, sur cette transformation.

Preuve par le fait, ou témoins muets vérifiés quatre fois.

Les témoins muets, c'est-à-dire, les fusils envoyés à l'Hôtel Royal des Invalides, tant ceux de la réforme, que ceux de la fourniture du sieur de Montieu, achevent par le fait, de prouver invinciblement les deux délits des Accusés.

Récolemens.

Non-seulement les témoins ont persisté, au récolement, dans leurs dépositions, mais plusieurs y ont ajouté de nouvelles charges.

Confrontations.

Dans les confrontations, la conviction des

Accusés a été portée, par la persévérance des témoins, au dernier terme que la Loi prescrit. Les Sieurs de Bellegarde & de Montieu ont employé en vain l'air imposant, pour troubler les témoins; les flatteries & les larmes, pour les toucher; les insultes, pour provoquer leur colere; la ruse, pour les faire tomber dans quelques piéges; l'adresse, pour pallier des faits dont ils ne pouvoient plus nier la vérité. Tous ont soutenu invariablement leur dire.

Si les Accusés ont refusé d'être confrontés aux témoins muets, (c'est-à-dire aux fusils vérifiés à l'Hôtel Royal des Invalides,) c'est une certitude de plus qu'ils sentoient eux-mêmes l'impossibilité où ils étoient de se défendre; quand bien même ils auroient eu droit d'assister à l'exécution du Jugement relatif à ces Armes, le refus de les reconnoître avant le Jugement les en auroit privés.

Unité des preuves par écrit, par interogatoires, par témoins & par le fait.

Les piéces authentiques & légales, les interrogatoires, les dépositions des témoins, sur-tout des témoins nécessaires, la vue des témoins muets, forment une unité de preuves bien rare à rencontrer dans l'instruction des procès criminels; l'exactitude de la qualification des armes, dans les inventaires & dans les Procès-verbaux de vérification, est confirmée par les dépositions, par les aveux & les écrits échappés aux Accusés; & les témoins muets montrent le but de l'artifice & de la prévarication des coupables.

Double corps de délit.

Ainſi, le double corps de délit conſiſte irrévocablement *en une immenſité d'armes (dont plus des trois quarts étoient neuves ou bonnes) ravies & vendues à vil prix, contre les ordres précis du Miniſtre, & en une quantité conſidérable des plus mauvaiſes de ces armes, aſſimilées au modèle léger & vendues au Roi comme neuves.*

La Loi prononce la peine de mort contre ces délits.

Eſt-il une Loi dans les Ordonnances Militaires contre de telles prévarications? Oui, la peine de mort eſt prononcée dans l'Ordonnance du 18 Septembre 1723 (1) contre tout [illegible], de quelque qualité & condition qu'il ſoit, qui auroit enlevé le moindre effet du R[illegible]ans ſes Arſenaux; parce que c'eſt un crime de lèſe-Majeſté au ſecond chef, de priver l'Etat du plus foible moyen néceſſaire à ſa défenſe; mais ravir à la fois 472000 armes, dont 366000 neuves ou de ſervice, n'eſt-ce priver l'Etat que d'un foible moyen néceſſaire à ſa défenſe? Mais infeſter les Arſenaux de vieilles armes déguiſées, n'eſt-ce pas voler l'Etat? N'eſt-ce pas le trahir pour le préſent, & plus dangereuſement encore pour l'avenir?

Clémence du Roi, & humanité des Juges.

L'avis du Conſeil de Guerre n'a cependant pas été à la peine de mort contre les deux beaux-freres, *bien & dûement atteints & convaincus de ces deux crimes*; c'eſt ſans doute parce

---

(1) Cette Ordonnance eſt le renouvellement de celle de Charles IX, portant peine de mort contre toute perſonne, de quelque qualité & condition qu'elle ſoit, qui auroit enlevé ou détourné quelqu'*Engin* (c'eſt-à-dire, effet ou [illegible]) d'Artillerie.

que la clémence ordinaire du Roi avoit passé dans l'ame de MM. les Juges.

Le prétexte présenté au Ministre par le sieur de Bellegarde, pour vendre au sieur de Montieu des cuivres en vieux canons, vieux mortiers, est que les Arsenaux du Royaume en sont surchargés, & *que M. de Gribeauval ne voit aucun inconvénient de se débarrasser de ce métal, qui, à la longue, souffriroit un grand déchet.* Des matieres de premiere nécessité, destinées successivement aux fonderies, & placées dans des cours, dans la rue ou sur des remparts, surchargent-elles les Arsenaux? Est-il moins absurde d'avancer que ce métal souffriroit à la longue un grand déchet? Et pour l'éviter, l'Etat a été privé, par cette vente à 13 sols 6 deniers la livre, de près de 500 milliers de métaux! Cependant MM. les Juges, quoique indignés de cette vente, n'ont pu prononcer qu'un HORS DE COUR, à la vue de l'ordre précis qui l'autorisoit.

Voilà les délits & les preuves que les Coupables nient, les procédés qu'ils rejettent, le Tribunal dont ils se plaignent.

APRÈS la lecture des considérations précédentes, que deviennent les libelles répandus au nom des sieurs de Bellegarde & de Montieu? Ces coupables esperent-ils encore couvrir leurs malversations & leurs crimes, en attribuant à un Officier Général, chargé des ordres du Roi, le caractere de délateur, l'acharnement d'un ennemi particulier, les menées d'un intrigant perfide?

Par l'expoſition des faits, il eſt clair que M. de Saint-Auban n'a point été délateur, à moins que cette odieuſe qualification ne ſoit donnée à tout Inſpecteur qui rend compte des déſordres dont il s'apperçoit. M. le Comte d'Hérouville, qui, le premier, a informé le Miniſtre des abus de la réforme, ſeroit donc auſſi un délateur.

La Lettre circulaire (nº. 2.) adreſſée aux Directeurs, en conſéquence des ordres du Miniſtre (nº. 1.), prouve, ſans réplique, que M. de Saint-Auban n'a mis ni chaleur, ni fineſſe, ni inſinuation dans l'information dont il a été chargé : ſa conduite n'a donc pas été inſidieuſe.

M. le Maréchal de Biron a dit au feu Roi, que ſi M. de Saint-Auban mérite quelque reproche dans cette affaire, c'eſt d'avoir eſtimé trop foiblement les torts faits au Royaume par la réforme. En effet, les Armuriers de Paris, indiqués par M. de Sartine, Lieutenant-Général de Police, ont, dans leur Procès-verbal, ſigné par eux & par MM. les Juges, porté l'eſtimation de ces torts un tiers en ſus. Cette modération prouvoit-elle de l'acharnement contre les Accuſés ?

On voit par la Lettre (nº. 11.) que bien-loin de chercher à les pourſuivre, M. de Saint-Auban a ſupplié le Miniſtre de ne lui donner aucunes fonctions dans le Conſeil de Guerre, d'après quoi Sa Majeſté lui a fait ordonner de remettre au Procureur du Roi nommé, les piéces de l'information proviſoire. Eſt-ce ainſi que ſe comporte un ennemi ?

Cette information provisoire est devenue propre au Conseil de Guerre, en vertu de ses Jugemens, & MM. les Juges ont reconnu, sur tous les points, la vérité du compte que M. de Saint-Auban avoit rendu au Roi. Il n'y a donc eu de sa part ni finesse, ni acharnement.

La visite d'armes neuves de la Manufacture de Charleville, faite par M. de Saint-Auban, n'a aucun rapport avec les délits prouvés au procès des sieurs de Bellegarde & de Montieu ; ces deux coupables n'insistent sans relâche, dans leurs écrits, contre cette visite ordonnée en 1770, que pour écarter l'attention de l'enlévement des bonnes armes du Royaume, & de la transformation des mauvaises commencée en 1767. De plus, l'opération de cet Inspecteur à Mézieres, Sedan, Rocroy, &c. est constatée par des Procès-verbaux authentiques ; elle a mis à découvert la singuliere partialité du sieur de Bellegarde & de quelques autres Officiers dans une visite précédente, où il s'agissoit de la proscription de plus de 40000 armes toutes neuves. Ces armes subsistent aux mêmes lieux & dans le même état ; les Procès-verbaux de M. de Saint-Auban n'ont pas changé leur qualité, & chacune d'elles est encore un témoin de son exactitude. (1)

D'ailleurs, si jamais réputation d'un Officier Général fut inattaquable, c'est celle de M. de

---

(1) Si M. de Saint-Auban a eu ordre de remettre au Procureur du Roi les piéces de sa visite, c'est parce que l'intention du Ministre étoit que cette Affaire fût jugée particuliérement après la décision de la premiere.

Saint-Auban. Dix-ſept Campagnes, trente-huit Siéges ou Batailles, une conduite irréprochable pendant quarante-ſix ans de ſervice, les ſuffrages réunis des Généraux & des Miniſtres, les marques réitérées de ſatisfaction dont le feu Roi l'a honoré, en ſont les appuis.

On ſe ſoumet à la déciſion de M. le Maréchal Duc de Biron, & à celle de MM. les Juges du Conſeil de Guerre, ſur la fidélité de tout ce qui vient d'être avancé.

FIN.

Pistolets.		
de service	à réparer	hors de service
48	273	37
164	180	982
. . . .	. . . .	
67	196	483
. . . .	391	564
66	. . . .	3649
. . . .	. . . .	
. . . .	. . . .	678
33	278	[illegible]
378	1318	6393

…ant des …ations.
… l. 8 s.
… 5
… 6
… 6
… 5

… l. 16 s.

EXTRAIT des Procès-verbaux de vérification de l'état des Armes vendues au ſieur DE MONTIEU, *qui ſe ſont trouvées encore exiſtantes dans ſes Dépôts de*	Fuſils de Rempart.			Fuſils de Soldats.		
	de ſervice	à réparer	hors de ſervice	de ſervice	à réparer	hors de ſervice
Lille.	291	1063	6622	397	1800	3445
Huningue.	1163	2096	2271	29	103	3594
Strasbourg.	8229	8664	7995	. . . .	. . . .	. . . .
Landau.	3833	10147	2688	177	1539	6648
Valenciennes.	4844	9328	. . . .	2780	7795	5021
Sedan.	4140	1705	. . . .	7226	2781	13598
Bayonne.	. . . .	. . . .	. . . .	1210	102	. . . .
Metz.	3083	4171	68	2000	8549	3798
Douay.	658	1086	10847	128	624	3654
	26241	38260	30491	13947	23293	39758

Dépôts de	Fuſils de Dragons.			Mouſquetons & Carabines.			Piſtolets.		
	de ſervice	à réparer	hors de ſervice	de ſervice	à réparer	hors de ſervice	de ſervice	à réparer	hors de ſervice
Lille.	. . . .	26	27	31	69	34	48	273	37
Huningue.	1	1	221	. . . .	. . . .	811	164	180	982
Strasbourg.	. . . .	. . . .	. . . .	. . . .	. . . .	. . . .	. . . .	. . . .	
Landau.	. . . .	. . . .	. . . .	. . . .	201	282	67	196	483
Valenciennes.	. . . .	133	91	25	166	195	. . . .	391	564
Sedan.	. . . .	. . . .	. . . .	. . . .	. . . .	1745	66	. . . .	3649
Bayonne.	. . . .	. . . .	. . . .	. . . .	. . . .	. . . .	. . . .	. . . .	
Metz.	75	238	. . . .	. . . .	. . . .	304	. . . .	. . . .	678
Douay.	. . . .	2	29	5	85	. . . .	33	278	·
	76	390	368	61	521	3371	378	1318	6393

Récapitulation. . . .

	de ſervice.	à réparer.	hors de ſervice.	Montant des réparations.
Fuſils de Rempart.	26241	38260	30491	34644 l. 8 ſ.
Fuſils de Soldats.	13947	23293	39758	43634 5
Fuſils de Dragons.	76	390	368	931 6
Mouſquetons.	61	521	3371	712 6
	40325	62464	73988	79922 5

Total des Armes de ſervice & à réparer. 102789

Piſtolets. . . . . 378 . 1318 . 6393 . 1447 l. 16 ſ.

avec les Procès-verbaux de la Réforme des Armes de Guerre, *de Bellegarde*, au profit du Sr. *de Montieu* son beau-frere.

LES 368337 Armes réformées en nature, ne coûtant à l'Entrepreneur que 240686 l. 16 s. chacune ne lui revient qu'à 13 s.; mais en y joignant les 104117 réformées en ferraille, lesquelles ne lui reviennent tout-au-plus qu'à 6 s. piéce, (le Réformateur s'étant constamment borné à n'estimer le poids du fer du Fusil qu'à 4 liv. celui du Mousqueton 3 liv. &c.) & conséquemment les 104117 à 31235 l. 2 s. laquelle somme jointe à celle de 240686 livres 16 sols, produit celle de 271921 livres 18 sols, qui divisée en 472454, totalité des Armes réformées, ne donne que 11 sols 6 deniers pour chacune; mais en abandonnant en pur bénéfice à l'Entrepreneur toutes les Armes qui ne reparoissent pas dans les classes de Service, ou à réparer, & en imputant les 271921 livres 18 sols, seulement sur les Armes, qui font la totalité de ces deux classes, il se trouveroit qu'il les auroit à 14 s. 6 d. piéce. Cependant le remplacement de ces 366788 Armes, qui devient indispensable, coûtera au Roi 7335760 l. c'est-à-dire, 7063838 liv. 2 s. en sus de ce qu'il en a tiré de l'Entrepreneur, à ne compter que le coût des Armes prises dans les Manufactures; car si l'on joint à cette premiere dépense celle des transports, caisses, emballages & autres frais absolument nécessaires pour faire refluer ces Armes dans tous les Arsenaux qui en sont dépouillés, la dépense totale du remplacement n'ira pas à moins de dix millions.

Il est vrai que le Ministre, en faisant arrêter les dépôts appartenans au Sieur de Montieu, qui se trouvoient encore existans dans les Places au mois d'Octobre 1771, & en ordonnant, depuis, les visites les plus authentiques & les plus scrupuleuses de ces dépôts, (visites que le Conseil de Guerre a adoptées après en avoir ordonné la vérification légale,) a sauvé au Roi 103657 de ces Armes, sçavoir, 40514 bonnes, & n'ayant besoin d'aucune réparation, & 63143, dont les réparations ne reviendront pas à 26 sols pour chacune; mais indépendamment de ce que cet Entrepreneur avoit eu tout le tems nécessaire pour disposer du meilleur & du plus grand nombre des Armes qui lui avoient été livrées, il a encore trouvé le moyen de dérober aux sages précautions du Ministre le dépôt qu'il avoit à Nantes, aussi & peut-être plus considérable lui seul que tous les autres ensemble.

On ne citera pour faire connoître le bénéfice énorme du Sieur de Montieu sur les Armes réformées, dont il a disposé, que l'Article seul des Carabines qu'il a prises dans les Arsenaux du Dauphiné à 10 s. piece, & qu'il a revendues 26 liv. dans les Colonies.

que..	28784	Canons de Fusils & Mousquets.	Le tout neuf ou bon comme neuf.
	4342	Platines de rechange.	
	138840	Piéces de Platines de rechange.	
	4919	Bayonnettes.	

Ces effets, ainsi qu'une infinité d'autres qu'on ne rapporte point ici, ont été estimés avoir produit 726308 liv. de fer à 3 liv. 10 s. 5 l. 10 s. & la plus grande partie 7 l. 10 s. le quintal, & 3863 liv. 3 onces de cuivre, vendu 12 s. 15 s. & 16 s. la liv. Sans parler de la vilité du prix de ces métaux, on se contentera d'observer, à l'égard de leur poids, que les 104117 Armes comprises dans cette prétendue ferraille, auroient dû seules produire plus que l'estimation de la totalité.

RÉSULTAT de la comparaifon faite des Inventaires des Places & des renfeignemens donnés par les Directeurs, avec les Procès-verbaux de la Réforme des Armes de Guerre, exécutée dans prefque tous les Arfenaux du Royaume, du 1 Septembre 1767 au 15 Juin 1770, par le Sr. *de Bellegarde*, au profit du Sr. *de Montieu* fon beau-frere.

ARMES réformées en NATURE.	Portées dans les Procès-verbaux de réforme hors de fervice, & eftimées										Portées dans les Inventaires qui ont précédé immédiatement la réforme.	
	3 l.	45 f.	30 f.	25 f.	20 f.	10 f.	8 f.	7 f.	5 f.	3 f.	Bonnes & de fervice.	Bonnes à réparer.
NEUVES. Fufils d'Officiers.	76	47									109	14
NEUVES. Fufils de Soldats.			11896	3141	5014	47940					48932	15519
NEUVES. Fufils de Rempart.					47503	115242					102591	46557
NEUVES. Fufils de Vincennes.					1950						863	698
NEUVES. Carabines.						1046					1023	
NEUVES. Canons de Fufils.							52				52	
AYANT SERVI. Fufils de Soldats.			3333	5010	8325	68618					12305	52546
AYANT SERVI. Fufils de Dragons.			339	79	365	2483					552	1441
AYANT SERVI. Fufils de Mer.					583	2702					2718	554
AYANT SERVI. Moufquets.					6171	22973					10309	12985
AYANT SERVI. Moufquetons.					2055	6744					890	6415
AYANT SERVI. Paires de Piftolets.				1160	2315	8175					2873	6867
AYANT SERVI. Sabres.								7876		2289		
AYANT SERVI. Epées.									9545			
	76	47	15568	9390	67281	275923	52	19710			183217	143596

368337, dont 226907 neuves, comprifes dans les 326813 à conferver.

ARMES réformées en FERRAILLE, comme hors de toute efpece de fervice, 104117; dont reconnues de fervice, ou bonnes à réparer, 39975. ainfi que..

TOTAL des Armes réformées, tant en nature qu'en Ferraille, 472454; parmi lefquelles il s'en trouvoit à conferver 366788.

EXCEDENT du montant des Procès-verbaux de réforme, fur celui des Armes indiquées par les Inventaires, de fervice, ou bonnes à réparer, qui donne la quantité précife des feules véritablement réformables. } 105666

LES 368337 Armes réformées en nature, ne coûtant à l'Entrepreneur que 240686 l. 16 f. chacune ne lui revient qu'à 13 f.; mais en y joignant les 104117 réformées en ferraille, lefquelles ne lui reviennent tout-au-plus qu'à 6 f. piéce, (le Réformateur s'étant conftamment borné à n'eftimer le poids du fer du Fufil qu'à 4 liv. celui du Moufqueton 3 liv. &c.) & conféquemment les 104117 à 31235 l. 2 f. laquelle fomme jointe à celle de 240686 livres 16 fols, produit celle de 271921 livres 18 fols, qui divifée en 472454, totalité des Armes réformées, ne donne que 11 fols 6 deniers pour chacune; mais en abandonnant en pur bénéfice à l'Entrepreneur toutes les Armes qui ne reparoiffent pas dans les claffes de Service, ou à réparer, & en imputant les 271921 livres 18 fols, feulement fur les Armes, qui font la totalité de ces deux claffes, il fe trouveroit qu'il les auroit à 14 f. 6 d. piéce. Cependant le remplacement de ces 366788 Armes, qui devient indifpenfable, coûtera au Roi 7335760 l. c'eft-à-dire, 7063838 liv. 2 f. en fus de ce qu'il en a tiré de l'Entrepreneur, à ne compter que le coût des Armes prifes dans les Manufactures; car fi l'on joint à cette premiere dépenfe celle des tranfports, caiffes, emballages & autres frais abfolument néceffaires pour faire refluer ces Armes dans tous les Arfenaux qui en font dépouillés, la dépenfe totale du remplacement n'ira pas à moins de dix millions.

Il eft vrai que le Miniftre, en faifant arrêter les dépôts appartenans au Sieur de Montieu, qui fe trouvoient encore exiftans dans les Places au mois d'Octobre 1771, & en ordonnant, depuis, les vifites les plus authentiques & les plus fcrupuleufes de ces dépôts, (vifites que le Confeil de Guerre a adoptées après en avoir ordonné la vérification légale,) a fauvé au Roi 103657 de ces Armes, fçavoir, 40514 bonnes, & n'ayant befoin d'aucune réparation, & 63143, dont les réparations ne reviendront pas à 26 fols pour chacune; mais indépendamment de ce que cet Entrepreneur avoit eu tout le tems néceffaire pour difpofer du meilleur & du plus grand nombre des Armes qui lui avoient été livrées, il a encore trouvé le moyen de dérober aux fages précautions du Miniftre le dépôt qu'il avoit à Nantes, auffi & peut-être plus confidérable lui feul que tous les autres enfemble.

On ne citera pour faire connoître le bénéfice énorme du Sieur de Montieu fur les Armes réformées, dont il a difpofé, que l'Article feul des Carabines qu'il a prifes dans les Arfenaux du Dauphiné à 10 f. piece, & qu'il a revendues 26 liv. dans les Colonies.

ainfi que..
- 28784 Canons de Fufils & Moufquets.
- 4342 Platines de rechange.
- 138840 Piéces de Platines de rechange.
- 4919 Bayonnettes.

} Le tout neuf ou bon comme neuf.

Ces effets, ainfi qu'une infinité d'autres qu'on ne rapporte point ici, ont été eftimés avoir produit 726308 liv. de fer à 3 liv. 10 f. 5 l. 10 f. & la plus grande partie 7 l. 10 f. le quintal, & 3863 liv. 3 onces de cuivre, vendu 12 f. 15 f. & 16 f. la liv. Sans parler de la vilité du prix de ces métaux, on fe contentera d'obferver, à l'égard de leur poids, que les 104117 Armes comprifes dans cette prétendue ferraille, auroient dû feules produire plus que l'eftimation de la totalité.

PIÉCES JUSTIFICATIVES.

LETTRE de M. le Marquis de Monteynard à M. de S. Auban, en date du 13 Décembre 1771. N° 1.

J'AI eu l'honneur de vous dire, Monfieur, que je defirois connoître, dans le plus grand détail, la quantité & l'efpece des Armes qui ont été vendues par M. de Bellegarde au fieur Montieu, Entrepreneur des Armes de la Manufacture de St. Etienne. Je vous prie de procéder à cette opération, afin que je puiffe affeoir, fur un objet auffi intéreffant, un jugement pofitif. Vous communiquerez & ferez part à M. de Valliere des procédés que vous vous propoferez de fuivre dans cette vuë. Si vous croyez avoir befoin des papiers qui peuvent être au Bureau de la Guerre, d'après votre demande, j'ordonnerai qu'on vous en donne communication. Si vous croyez auffi que les Officiers fupérieurs & autres de l'Artillerie, employés dans les Départemens & Places du Royaume, puiffent vous donner des éclairciffemens fur cet objet, je vous autorife à les leur demander.

J'ai l'honneur d'être, &c.

2. *CIRCULAIRE écrite en Décembre 1771 par M. de S. Auban, à tous les Directeurs de l'Artillerie du Royaume.*

Le Miniſtre deſirant, Monſieur, connoître dans le plus grand détail ce qui a réſulté de la réforme des Armes de Guerre faite par M. de Bellegarde, les années dernieres, dans tous les Arſenaux du Royaume, & de la vente & livraiſon deſdites Armes faites, ſur ſon eſtimation, au Sieur de Montieu ou à ſes Agens, me charge de vous prier de m'adreſſer, ſous l'enveloppe de M. de Chambonnin, copie exacte des Procès-verbaux de réforme, vente & eſtimation deſdites Armes & autres effets, de quelque nature qu'ils puiſſent être, notamment des canons, mortiers ou autres matieres de fonte, & généralement de tout ce qui peut avoir été enlevé, en conſéqnence de cette réforme, de toutes les Places & Arſenaux de votre Direction. Vous voudrez bien, Monſieur, veiller à ce que ces copies ſoient exactement conformes aux originaux, de chacun deſquels vous devez avoir conſervé un double, & y faire ajouter une colonne aſſez large pour contenir les obſervations eſſentielles que vous aurez la bonté de faire ſur chacun des Articles contenus dans le Procès-verbal; ſçavoir, ſi les Armes étoient neuves ou avoient ſervi; ſi elles étoient à l'entretien ou non; s'il y avoit des réparations à y faire, & ſi elles avoient été fixées par des Procès-verbaux antérieurs ; la date de ces Procès - verbaux, &c. le tout sommairement & en deux mots. Je vous prie d'en user de même pour tous les autres objets, c'est-à-dire, piéces de canon, mortiers, arquebuses à croc, & autres matieres de fonte, dont vous ferez connoître, autant que faire se pourra, l'état, lors de la réforme, & les causes qui ont pu l'occasionner, si aucune il y a eu.

A l'égard de ce qui se trouve compris dans ces Procès-verbaux sous la dénomination de vieille ferraille, comme provenant de tant de fusils, paires de pistolets, canons de fusils ou de mousquets, platines, piéces de platines, plastrons, pots-en-tête, &c. Vous voudrez bien aussi me donner des éclaircissemens sommaires sur chacun de ces articles ; sçavoir, l'état de ces Armes, si elles ont été démontées & pesées, pour être livrées à l'Entrepreneur ; si ces canons de fusils ou de mousquets, platines, piéces de platines étoient neufs ; enfin, de quel service pouvoient être ces plastrons, pots-en-tête, &c.

Je vous prie encore, Monsieur, indépendamment de ces copies de Procès-verbaux avec observations, que vous voudrez bien certifier & signer, de me donner tous les éclaircissemens que vous pourrez avoir sur l'emploi que l'Entrepreneur a fait de ces Armes & autres effets à lui livrés ; s'il en a vendu sur les lieux ou à l'Etranger, quel prix il en a tiré, & généralement de tout ce qui peut être venu à votre connoissance à cet égard.

Si par hasard, ce que je ne crois pas, vous

n'aviez pas au Bureau de votre Direction le double de ces Procès-verbaux de réforme & estimation, vous voudrez bien ordonner à tous vos Gardes de faire, sur leurs registres, un relevé exact & détaillé des livraisons faites au Sieur de Montieu ou à ses Agens, par l'ordre de M. de Bellegarde, en y joignant la colonne d'observations, telle que je vous la demande pour la copie des Procès-verbaux, signé par eux, certifié par l'Officier de résidence, s'il y en a dans la Place, que vous voudrez bien m'envoyer après l'avoir visé. (*a*)

J'ai l'honneur d'être, &c.

---

3. *MÉMOIRE du Sieur de Bellegarde, pour proposer la Réforme, écrit de sa main.*

Il se trouve dans les différentes Salles d'Armes du Royaume une quantité considérable d'Armes hors de service, & peut-être un plus grand nombre dont les réparations excéderoient leurs valeurs réelles ; elles sont à charge à l'Etat par l'espace qu'elles occupent & par les frais d'un entretien inutile. (1)

(*a*) Le Sieur de *Bellegarde ayant dit dans ses Mémoires que cette Lettre étoit insidieuse, captieuse, & qu'elle tendoit des piéges*, MM. les Juges du Conseil de Guerre ont voulu que l'original leur fût présenté par les Directeurs, tel qu'ils l'avoient reçu ; & ils n'ont pas trouvé dans les expressions le caractere que leur attribuoit le Sieur de Bellegarde.

(1) Ce premier article contient deux fausses allégations ; les 100000 armes & plus, que les Directeurs d'Artillerie avoient reconnues hors de service, n'étoient plus à

En les vendant au poids du fer, après en avoir brisé les platines & les tonnerres (comme on le pratique ordinairement) on n'en retireroit qu'une somme trop modique. (2) Il seroit préférable de les vendre leur juste valeur à un Particulier, à qui l'on en interdiroit l'usage dans le Royaume, en lui laissant seulement la permission de les faire passer en Afrique pour la traite des Négres, ou dans quelques Colonies étrangeres.

Un Entrepreneur de Manufactures d'Armes pour le Roi, est le seul sur lequel on puisse compter pour l'exécution d'un pareil engagement; sa conduite étant éclairée par l'Inspecteur, il ne pourra jamais contrevenir aux ordres du Ministre. (3)

EXTRAIT de la soumission du Sieur de Montieu. 4.

Je, &c. m'engage à prendre pour mon compte particulier toutes les vieilles Armes de Guerre, & autres effets & ustensiles d'Artillerie qui se

---

l'entretien, & il n'y avoit pas un plus grand nombre d'armes dans les Arsenaux, dont les réparations fussent au-dessus de leur valeur réelle.

(2) C'est ce renversement d'un usage établi par la prudence & par la probité, qui a donné lieu aux prévarications commises par le Sieur de Bellegarde & par le Sieur de Montieu, son beau-frere.

(3) Cette proposition si dangereuse dans tous les cas, voiloit ici un mal inévitable, par la liaison intime de celui qui la faisoit, avec l'Entrepreneur qui s'y est soumis.

trouvent dans les Arsenaux de S. M. & ce aux prix fixés par les Commissaires nommés par la Cour à cet effet, pour en tenir compte au Roi en fusils neufs, &c.

5. *LETTRE de M. de Gribeauval à M. Dubois, du 23 Mai 1767.* (4)

Il paroît, Monsieur, que le projet de M. de Bellegarde de faire vendre en nature aux Entrepreneurs de St. Etienne, dont la soumission est ci-jointe, les vieilles Armes dont les réparations excéderoient la valeur, est raisonnable, en leur interdisant la vente en Europe. On en tirera un prix d'autant meilleur que ces Entrepreneurs ont à fournir la Compagnie des Indes pour son commerce d'Afrique.

Mais pour que cette besogne soit bien faite, je pense qu'il faudroit que M. de Bellegarde ou un autre Officier, connoisseur & de confiance, fût chargé d'instructions détaillées pour aller marquer, dans les différens Arsenaux, les Armes à feu à réformer, & en faire en même tems l'estimation; sans quoi cela étant exécuté par les différens Directeurs qui s'y connoissent peu, (5) la réforme seroit im-

(4) Une apostille mise à la marge de l'original produit au Procès, & qui est de la main d'un Commis alors employé dans les Bureaux de l'Artillerie, prouve que le projet du Sieur de Bellegarde & la soumission du Sieur de Montieu, ont été reçus d'après cette décision de M. de Gribeauval.

(5) C'est ainsi que M. de Gribeauval apprécie les connoissances des Officiers, dont la plupart, ses anciens

parfaite, ou outrée, & l'estimation mal faite. (6)

J'ai l'honneur d'être, &c.

Lettre du Ministre au Sieur de Bellegarde, du 30 Juin 1767. 6.

Je vous préviens, Monsieur, que je donne des ordres pour que l'on fasse délivrer au sieur de Montieu les vieilles Armes hors de service qui existent dans chacune des Places dont je joins ici l'état. Cet Entrepreneur doit les faire rassembler toutes à Saint-Etienne pour les faire arranger

---

au service, lui sont encore inconnus! Cette décision, si humiliante pour les Directeurs & autres, les exclut de toute participation à la réforme. Il le falloit pour le projet, qu'importe à quel prix! Associer en apparence, par des Procès-verbaux, ses Camarades sans pouvoir, aux prévarications qu'il exécutoit seul, c'étoit une précaution frauduleuse du Sieur de Bellegarde, bien reconnue de MM. les Juges par les termes mêmes des Lettres du Ministre. La Lettre de M. de Gribeauval à M. Dubois, & celle à M. Gayot, confirmoient donc sans retour que ces Officiers n'avoient eu aucune part à la réforme, c'est cela seul que MM. les Juges ont voulu faire connoître en insérant l'Extrait de ces deux Lettres de M. de Gribeauval dans leur Jugement.

(6) A-t'elle été bien faite par le Sieur de Bellegarde, cette estimation? Il avoit promis que l'Etat tireroit un meilleur parti des armes réformées, en les vendant entieres, qu'en les livrant au poids du fer, après les avoir brisées, & le contraire est arrivé; car 472000 armes, dont plus de 360000 neuves & de bon service, ont été livrées à l'Entrepreneur favorisé, sur le pied de 11 sols 6 den. l'une dans l'autre, prix au-dessous de celui du poids du fer de l'arme brisée.

de façon à pouvoir servir à la traite des Négres : pour être assuré qu'il ne s'écartera pas de ce que je lui prescris à cet égard, & qu'il ne distribuera pas dans le Public une seule des vieilles Armes dont il s'agit, ce qui pourroit être d'une très-grande conséquence, je vous enverrai un état de celles qui lui seront remises dans chaque Place ; vous aurez soin de vérifier s'il les fera rassembler toutes à St. Etienne, & vous m'informerez particuliérement de ce qui en sera ; vous prendrez également connoissance des envois que le Sieur de Montieu fera par la suite aux Négocians & Armateurs qui lui demanderont des Armes pour la traite des Négres, & vous m'en rendrez compte.

Comme, en vous en retournant à St. Etienne, vous serez obligé de passer par Besançon & par Lyon, & *que vous êtes plus en état que personne de juger des Armes à feu qui peuvent être dans le cas d'être réformées*, je vais prévenir MM. Lamy du Châtel & Chevalier de Voisin *que je vous charge* d'examiner les Armes qui existent tant à Besançon qu'à la Citadelle & dans les Forts qui sont à portée, & à Lyon, afin de faire mettre au rebut tout ce qui ne vaudra pas la peine d'être conservé, & vous pourrez comprendre dans cette classe tous les fusils d'anciens modèles, qui, pour être en état de servir, exigeroient une dépense de 3 liv. & au-dessus. En même tems que vous procéderez à la visite des Armes qui sont en Franche-Comté & dans le Lyonnois, *vous en ferez une estimation*, parce que je présume que dans le nombre il doit s'en trouver qui valent plus que le prix offert par le Sieur de Montieu, qui ne donne que 25 sols des fusils susceptibles d'être rajustés, & 10 sols seulement des fusils crevés & hors de tout service. Vous déclarerez à cet Entrepreneur qu'il sera tenu de prendre les vieilles Armes du Lyonnois & de la Franche-Comté sur le pied que vous les aurez estimées; *vous vous entendrez* en conséquence sur cela avec l'Officier principal du Corps Royal en résidence à Besançon; dans le tems que vous jugerez que votre présence ne sera pas absolument nécessaire à Saint Etienne, vous pourrez aller faire la même opération à Grenoble. J'en dōnne avis à M. le Chevalier de Voisin.

LETTRE du Sieur de Bellegarde à M. le Duc de Choiseul, en date du 19 Août 1769. 7.

MONSEIGNEUR,

Comme il se trouve dans les différens Arsenaux ou Places du Royaume beaucoup plus de cuivre qu'il ne peut s'en consommer dans les fonderies pour la construction des piéces nécessaires, soit à l'approvisionnement des Places, soit relativement à l'Artillerie de campagne & de siéges, *M. de Gribeauval* (*a*) *ne*

(*a*) Et M. de Gribeauval écrit à M. Gayot le 25 Mai 1770: *Quant aux vieilles matieres dont vous me faites l'honneur de me parler, je ne sçais trop ce que c'est.*

voit aucun inconvénient à se débarrasser d'une partie de ce métal, *qui, à la longue, souffriroit un grand déchet.* En conséquence, le sieur de Montieu, Entrepreneur de la Manufacture de Saint-Etienne, se présente pour acheter, à raison de 15 s. la livre, les vieux canons ou mortiers hors de service, actuellement déposés à Marseille, Toulon, Lyon, & Auxonne, jusqu'à la concurrence de 400000 liv.

Je suis, &c.

---

8. *EXTRAIT de la soumission du Sieur de Montieu, en date du même jour.*

Je, &c. m'engage à acheter & prendre pour mon compte particulier tous les vieux canons & mortiers de fonte hors de service, & autres matieres de la même espece, qui se trouvent tant à Auxonne que dans les différentes Places de la Provence & ailleurs, à raison de 15 s. la livre (a) poids de marc.

---

9. *LETTRE du Sieur de Montieu au Sieur Jourgeon, son Associé, en date de Grenoble le 15 Septembre 1767.*

J'ai reçu, mon cher Ami, vos deux Lettres. Je fais casser tous les fusils dont les bois sont

---

(a) Les matieres ne sont en effet revenues au Sieur de Montieu qu'à 13 sols 6 den. la livre, ayant obtenu, sur hors de ſervice, ainſi ſoyez tranquille à ce ſujet ; faites-moi le plaiſir d'aller au clapier examiner la grange à foin, & faire mettre de bons appuis dans l'écurie, afin de la rendre ſuſceptible, ſans rien craindre, d'y loger toutes les caiſſes d'Armes qui vont arriver ſucceſſivement d'ici & de Briançon ; *la plupart ſont des Armes toutes neuves, & il y en aura environ* 20000. Il n'y aura point de voiture à payer, attendu que j'ai fait une convention avec un voiturier pour payer tout à la fois, en lettres de change ſur Paris, lorſque la derniere caiſſe ſera arrivée, *c'eſt une affaire excellente ; ſoyez diſcret ſur-tout, & tout ira bien.*

Il n'y aura pas beſoin de déballer les caiſſes ; on ne ſçauroit où metre les fuſils. J'apporterai avec moi la note de ce que chaque n°. contiendra, ainſi tout ſera en régle. Je pars demain pour Briançon ; adieu, mon cher Ami, je vous embraſſe de tout mon cœur, & vous aimerai de même pourvu *que vous ne parliez pas.*

Je ſuis, &c.

---

une ſimple Lettre du 9 Octobre ſuivant, que les 10 pour cent lui ſeroient paſſés, quoiqu'il n'en eût été queſtion, comme on le voit, ni dans la propoſition du Sieur de Bellegarde, ni dans la ſoumiſſion du Sieur de Montieu ; & il a été prouvé que ce dernier les a revendues, de la main à la main, & ſans aucun frais, 23 ſols la livre, au Sieur Bourdelois, Fondeur à Rheims.

10.	*LETTRE de M. de Gribeauval à M. Gayot, en date du 25 Mai 1770, telle qu'elle a été adreſſée au Miniſtre & à M. le Maréchal de Biron par M. de Gribeauval lui-même, comme étant exactement copiée ſur ſa Minute.* (7)	*LETTRE de M. de Gribeauval à M. Gayot, en date du 25 Mai 1770, ſuivant l'Original produit au procès.*

La femme du Sieur de Bellegarde ayant oſé inſinuer, pages 55, 63 & 65 de ſa Requête, que M. de S. Auban a été *l'inſtructeur* caché & *le provocateur* de la falſification prétendue de la lettre de M. de Gribeauval à M. Gayot, il étoit indiſpenſable de joindre ici les piéces qui ont rapport à cette imputation.

Nota. On a ſouligné & déſigné par des points les différences notables & les lacunes qui ſe trouvent entre ces deux Piéces.

J'ai reçu, Monſieur, la lettre que vous m'avez fait l'honneur de m'écrire, le 22 de ce mois, au ſujet de la réforme des vieilles armes.	J'ai reçu, Monſieur, la lettre que vous m'avez fait l'honneur de m'écrire, le 22 de ce mois, au ſujet de la réforme des vieilles armes.
J'ai eu connoiſſance de ce projet & je n'ai pu qu'y applaudir, car	J'ai eu connoiſſance de ce projet (8) & je n'ai pu qu'y applaudir,

(7) M. de Gribeauval a écrit qu'il a fait chercher ſa Minute pendant deux mois; il ſe ſeroit épargné cette peine, & n'auroit pas envoyé une copie très-inexacte de ſa réponſe, s'il eût demandé au Bureau de la Guerre une copie collationnée de ſon original.

(8) Non content d'avoir applaudi au projet de la réforme & au choix du Sieur de Bellegarde pour l'opérer, M. de Gribeauval fait ſes efforts pour juſtifier cette opération dans toutes ſes parties; cela eſt bien délicat.

Minute.	*Original.*
je voyois avec impatience, depuis plus de vingt ans, entretenir des salles, accorder des nettoyemens, des réparations extraordinaires, & un entretien ordinaire pour des armes avec lesquelles ceux à qui on payoit ces réparations n'auroient pas osé tirer un coup *raisonnablement* chargé. Je pense qu'il est très-sage de s'être débarrassé de cette dépense...... inutile.	car je voyois avec impatience, depuis plus de vingt ans, entretenir des salles, accorder des nettoyemens, des réparations extraordinaires, & un entretien ordinaire pour des armes avec lesquelles ceux à qui on payoit ces réparations n'auroient pas osé tirer un coup convenablement chargé. (9) Je pense qu'il est très-sage de s'être débarrassé de cette dépense *énorme* (10) & inutile.
On a choisi pour cela l'Officier du Corps Royal qui a le plus de connoissances en ce genre, & en qui l'on a	On a choisi pour cela l'Officier du Corps Royal qui a le plus de connoissances en ce genre, & en qui l'on a

(9) On ne peut trop le répéter. Il y avoit dans les Arsenaux plus de 100000 armes mises hors de l'entretien ordinaire.

(10) *Enorme* : pourquoi ? L'entretien de 400000 armes ne va pas à 30000 liv. par an ; *inutile* : les trois quarts des armes réformées par le Sieur de Bellegarde n'avoient jamais servi ; un grand nombre n'exigeoit aucunes réparations ; & pour réparer celles qui en avoient besoin, il n'en auroit coûté que 26 sols environ l'une dans l'autre. C'est la perte causée à l'Etat par cette réforme inexcusable qui est vraiment énorme.

Minute.	*Original.*
reconnu de tout temps beaucoup d'honneur & de délicateſſe de ſentimens ; je ne le connois que depuis quatre ou cinq ans, mais cette réputation m'a paru très-bien méritée : ainſi je n'ai pu qu'applaudir encore à ce choix.	reconnu de tout temps beaucoup d'honneur (11) & de délicateſſe de ſentimens ; je ne le connois que depuis environ cinq ans, mais cette réputation m'a paru très-bien méritée : ainſi je n'ai pu qu'applaudir encore à ce choix.
Je ne ſuis pas étonné, Monſieur, que la plupart des Officiers du Corps, & ſur-tout les anciens, ſe ſoient récriés contre cette réforme; *la plupart* ont en ce genre des prétentions aux connoiſſan-	(12) Je ne ſuis point étonné, Monſieur, que la plupart des Officiers du Corps, & ſur-tout les anciens, ſe ſoient récriés contre cette réforme, *preſque tous* ont en ce genre des prétentions aux connoiſſan-

(11) Eſt-ce par délicateſſe de ſentimens que le Sieur de Bellegarde a, juſqu'a l'ouverture du Conſeil de Guerre, gardé le plus profond ſecret ſur ſon mariage avec la ſœur du Sieur de Montieu, dont il avoit continué d'être le Juge, tant comme Réformateur d'armes, que comme Inſpecteur de ſa Manufacture, & que même il a nié poſitivement ce mariage à pluſieurs Officiers du Corps Royal ?

(12) Il eſt impoſſible de bleſſer plus griévement, & plus injuſtement la réputation d'un Corps conſidérable d'Officiers, que leur devoir envers le Roi & l'Etat oblige de bien remplir leurs fonctions, & qui l'ont toujours fait.

Eſt-ce donc un myſtere réſervé à la ſagacité de quelques adeptes, que la connoiſſance des qualités qui conſtituent un bon fuſil de Soldat ? Nous en appellons aux Officiers généraux & particuliers de toutes les Troupes.

Minute.	*Original.*
ces, mais j'ofe vous affurer qu'elles font bien mal fondées, car ils n'en ont d'autres que celles qu'ils ont puifées chez les Gardes & les Armuriers chargés de l'entretien, & à qui cette réforme coupe les vivres.	ces, mais j'ofe vous affurer qu'elles font bien mal fondées, car ils n'en ont d'autres que celles qu'ils ont puifées chez les Gardes & les Armuriers chargés de l'entretien, & à qui cette réforme coupe les vivres. (13)
. . . .	(14) Il eft à obferver que la plupart des Gardes n'avoient pas manié de fufil avant d'entrer dans leurs places, & que les Armuriers choifis font les plus mauvais ouvriers, qui, par mifere, tra-

(13) Il falloit néceffairement remplacer les armes réformées par des armes neuves, dont l'entretien plus aifé eft au même prix : la réforme ne coupoit donc pas les vivres aux Gardes ; elle ne les coupoit pas non plus aux Armuriers qui travaillent dans les Salles d'armes, car dans un grand nombre d'armes, même neuves, il n'y a toujours que trop de réparations à y faire.

(14) M. de Gribeauval voudroit bien, fans doute, que cette obfervation, qui aggrave l'infulte faite à prefque tous les Officiers du Corps Royal, fur-tout aux anciens, ne fût pas plus dans fa Lettre à M. Gayot, que dans fa Minute. MM. les Juges du Confeil de Guerre ont eu l'attention, par eftime pour les Officiers d'Artillerie, & certainement par menagemens pour lui, d'adoucir dans l'Extrait dont il fe plaint, fes propres expreffions ; il auroit dû les en remercier.

Minute.	*Original.*
. . . .	vaillent à bon marché.
Il y a environ trente ans que M. de Valliere le pere a demandé une pareille réforme; l'on a démoli dans ce temps tout ce qui étoit absolument décrépit, & tous les calibres irréguliers; les mousquets à mêche & la plupart des fusils de rempart avoient été condamnés: ils ont trouvé des défenseurs, qui, animés par les mêmes sollicitations & les mêmes raisons d'intérêt, ont excité une cla-	Il y a environ trente ans que M. de Valliere le pere a demandé une pareille réforme; l'on a démoli dans ce temps tout ce qui étoit absolument décrépit, & tous les calibres irréguliers; les (15) mousquets à mêche & la plupart des fusils de rempart avoient été condamnés : ils ont trouvé des défenseurs, qui, animés par les mêmes sollicitations & par les mêmes raisons d'intérêt, ont excité

(15) Les affaires importantes ne doivent pas être discutées de mémoire; il faut des écrits autentiques, ou des faits : or les faits existans prouvent que feu M. de Valliere n'avoit pas condamné tous les canons des mousquets à mêche, & la plupart des fusils de rempart, puisqu'ils ont continué à être entretenus & réparés sous ses yeux dans tous les Arsenaux du Royaume. Son autorité si révérée dans tout le Corps de l'Artillerie, la confiance qu'avoient dans ses décisions le Grand-Maître & les Ministres, l'auroient certainement emporté sur les foibles objections de quelques Officiers qui auroient pu être livrés aux insinuations des Gardes.

M. de Gribeauval ajoute très-gratuitement, pour ne rien dire de plus, & probablement sur la parole d'autrui, que ces fusils ont essuyé plus de trente ans de rouille intérieure; l'état où sont actuellement ceux qui nous restent, prouvent assez le contraire.

une

Minute.	*Original.*
meur générale. Je me souviens qu'alors on a demandé dans plusieurs départemens . . . . de remettre en bois ces vieux canons, qu'on disoit excellens, & d'y ajouter les meilleures platines de réforme. Si la bonté de ces armes étoit alors douteuse, il est aisé de juger qu'elle n'est plus problématique aujourd'hui.	une clameur générale. Je me souviens qu'alors on a demandé dans plusieurs départemens, & (16) *notamment en Flandres*, à remettre en bois ces vieux canons, qu'on disoit si excellens, & d'y ajouter les meilleures platines de réforme. Si la bonté de ces armes étoit alors douteuse, il est aisé de juger qu'elle n'est plus problématique aujourd'hui, *ayant essuyé plus de trente ans de rouille intérieure.*
On m'a assuré que M. de Bellegarde avoit fait subir l'épreuve or-	(17) On m'a assuré que M. de Bellegarde avoit fait subir l'épreu-

(16) *Notamment en Flandres.* Ces mots qui ne sont pas dans la Minute de M. de Gribeauval, attaquent la mémoire de M. de St. Perrier, & celle de M. de Mouy : des hommes comme ceux-là ne doivent être taxés ni d'ignorance ni de foiblesse, non plus que les Malezieux & les Dupas en Alsace.

(17) L'épreuve ordinaire des canons de fusil est de les tirer à balle avec une charge de poudre déterminée. Ceux qui ont assuré à M. de Gribeauval que *le Sieur de Bellegarde a fait subir aux moins mauvais de ces canons l'épreuve ordinaire*, ont assuré une fausseté, puisqu'il n'a fait aucune épreuve à feu pendant toute sa réforme ; il s'est contenté de faire casser quelques canons en petit nombre ; épreuve très-fautive, & sujette à illusion,

Minute.

dinaire aux moins mauvais de ces canons, & qu'il ne s'en est presque pas trouvé qui pussent la soutenir : mais quand ils l'auroient soutenue, j'aurois encore conseillé de les réformer, pour ne faire nulle dépense pour conserver des armes qui tout-à-l'heure deviendront dangereuses. Ceux qui proposent de les conserver pour les Places n'y ont pas réfléchi ; ils ignorent de quelle conséquence il est d'ôter la confiance au Soldat & de lui laisser, non pas même une bonne raison, mais seulement un prétexte de ne point agir. . . . . . C'est-là où il est essen-

Original.

ve ordinaire aux moins mauvais de ces canons, & qu'il ne s'en est presque pas trouvé qui pussent la soutenir : mais (18) quand ils l'auroient soutenue, j'aurois toujours conseillé de les réformer, pour ne faire nulle dépense pour conserver des armes qui tout-à-l'heure deviendront dangereuses. Ceux qui proposent de les conserver pour les Places n'y ont pas bien réfléchi (19) ; ils ignorent de quelle conséquence il est d'ôter la confiance au Soldat, & de lui laisser, non pas même une bonne raison, mais seulement un prétexte de ne point agir *dans un poste ;* c'est-

---

(18) Hé ! pourquoi donc des canons bien proportionnés, qui auroient subi l'épreuve ordinaire que l'on fait subir aux neufs dans les Manufactures, seroient-ils réformables ? Il ne suffit pas de dire qu'ils deviendront *tout-à-l'heure dangereux*, il faut le prouver ; on en peut dire autant des neufs.

(19) D'anciens & honnêtes Militaires méritoient-ils une pareille apostrophe ?

Minute.	Original.
tiel d'avoir les armes les plus sûres & les plus solides.	là où il est essentiel d'avoir les armes les plus sûres & les plus solides.
Si l'on fait attention à la qualité des armes qui étoient fournies ci-devant pour 13 liv. 10 sols. . . . . on sentira le ridicule de faire de la dépense pour leur entretien,	(20) Si l'on fait attention à la qualité des armes qui étoient fournies ci-devant pour 13 liv. 10 sols, *qu'on ne payoit que quatre, & quelquefois huit ans après la fourniture faite; qu'en comptant seulement sur quatre ans d'intérêt & sur quinze pour cent de frais de manufacture, les Fournisseurs ne pouvoient y mettre que 9 liv. au plus*, on sentira le ridicule de faire de la dépense pour les entretiens & les ré-

(20) Raisonnement captieux. Est-ce que les Entrepreneurs n'attendent pas, comme autrefois, leur paiement? Est-ce qu'ils n'ont pas aussi les frais de Manufacture? Est-ce que le prix des matieres & de la main-d'œuvre n'est pas augmenté? Tout considéré, le fusil, qui alors coûtoit 13 liv. 10 sols ou 14 liv. doit coûter aujourd'hui 18 liv. pour le moins. Des fusils, dont les pareils nous ont fait gagner tant de batailles en Italie, en Flandre, en Allemagne; & qui, n'ayant jamais servi, ont toujours été entretenus avec soin, méritoient bien sans doute d'être conservés & réparés à 26 sols l'un dans l'autre, pour la défense des Places. Ceux qui l'ont proposé, ont donc sagement réfléchi sur le bien du service, & pour l'intérêt de l'Etat.

Minute.

. . . . & l'on ne ſera plus étonné des ſommes énormes qu'elles coûtent dans les Régimens.

On remet une bonne piéce au milieu de vingt . . . . mauvaiſes, on en remet une ſeconde & une troiſiéme, à meſure qu'elles manquent. Après en avoir gâté d'autres, on les changera toutes ſucceſſivement ; & après cela, on ſera ſûr d'avoir une mauvaiſe platine ou une mauvaiſe monture, qui aura cependant coûté . . . . . . plus qu'une bonne.

On oublie encore

Original.

parations, & l'on ne ſera plus étonné des ſommes énormes qu'elles coûtent dans les Régimens.

(21) On remet une bonne piéce au milieu de vingt *& une* mauvaiſes ; on en remet une ſeconde & une troiſiéme, à meſure qu'elles manquent, après en avoir gâté d'autres. On les changera toutes ſucceſſivement, & après cela, on ſera ſûr d'avoir une mauvaiſe platine ou une mauvaiſe monture, qui aura cependant coûté *trois fois* plus qu'une bonne.

(22) On oublie

---

(21) On trouve beaucoup plus d'exagération que d'importance dans ce minutieux détail : entre les mains du Soldat, les platines & les montures ſeront toujours ſujettes aux dégradations, dont l'étalage eſt fait ici avec une affectation trop marquée.

(22) Cette réflexion eſt bien plus captieuſe que déciſive, car la Chymie ne donne aucune régle pour fixer la durée d'un bon canon & d'une bonne platine entretenue avec ſoin, & l'expérience prouve que des fuſils médiocrement ſoignés, durent plus de cent ans entre les mains des Payſans même.

Minute.	*Original.*
que le fer se détériore tous les jours; on veut qu'il soit toujours bon, tant qu'il conserve à peu-près sa premiere forme; mais cela n'est pas dans la nature de la chose. Il y faudroit employer un autre métal.	encore que le fer se détériore tous les jours; on veut qu'il soit toujours bon, tant qu'il conserve à peu-près sa premiere forme : mais cela n'est pas dans la nature de la chose. Il y faudroit employer un autre métal.
Si l'on s'en étoit rapporté aux Officiers supérieurs & particuliers des Places, on auroit peut-être conservé 300000 Armes de plus.	(23) Si l'on s'en étoit rapporté aux Officiers supérieurs & particuliers des Places, on auroit peut-être conservé 300000 Armes de plus, & il seroit arrivé à la Guerre ce qui arrive aujourd'hui dans les Garnisons, où il n'y a quelquefois pas dans un Bataillon cent fusils qu'on ose tirer à balle. Le Soldat au-
Et il seroit arrivé à la Guerre, ce qui arrive aujourd'hui dans les Garnisons, où il n'y a quelquefois pas dans un Bataillon cent fusils, qu'on ose tirer à balle. Le Soldat au-	

(23) Nouvelle preuve que les Directeurs & autres Officiers d'Artillerie employés dans les Places, n'ont eu *aucune part active* dans les opérations du Sieur de Bellegarde. MM. les Juges du Conseil de Guerre, qui ne vouloient pas prouver autre chose par l'Extrait inséré dans leur Jugement, ont eu raison de s'en tenir aux premieres expressions de cet article, dont le reste n'est qu'une comparaison injuste & exagérée des armes usées dans les Régimens, avec des armes qui n'avoient jamais servi, & qui étoient bien entretenues.

Minute.	*Original.*
roit en Guerre plus à craindre de ſon Arme, que de celle de ſon ennemi. Qu'attendre d'une Troupe ainſi armée !	roit, en Guerre plus à craindre de ſon Arme, que de celle de ſon ennemi. Qu'attendre d'une Troupe ainſi armée !
Quand même on auroit fait la dépenſe d'éprouver de nouveau tous les vieux canons (ce qui auroit été indiſpenſable avant de radouber leurs montures,) on n'auroit été certain de leur bonté, que pour environ une dixaine d'années ; car chaque choſe a ſon terme. Ce ſervice momentané n'auroit *ſûrement* pas valu la dépenſe ; & ceux qui ont fait	(24) Quand même on auroit fait la dépenſe d'éprouver de nouveau tous les vieux canons (ce qui auroit été indiſpenſable avant de radouber leurs montures,) on n'auroit été aſſuré de leur bonté, que pour environ une dixaine d'années ; car chaque choſe a ſon terme. Ce ſervice momentané n'auroit *certainement* pas valu la dépenſe ; & ceux qui

(24) Il y a une grande différence entre un vieux canon, & un canon fait depuis long-tems, qui a été entretenu avec ſoin & qui n'a jamais ſervi, ou qui a ſervi peu de tems : le Réformateur Bellegarde & ſes Défenſeurs ont perpétuellement joué ſur des équivoques. Le terme de dix années eſt arbitrairement fixé ; mais enfin un ſervice de dix années n'eſt pas un ſervice *momentané* ; & une arme qui peut durer dix ans entre les mains du Soldat, peut bien, à plus forte raiſon, ſuffire à la défenſe d'une Place, & mériter les dépenſes faites ou ordonnées précédemment à cet égard. M. de Gribeauval n'a pas lui-même bien réfléchi, en défendant ſi foiblement la réforme exécutée par le Sieur de Bellegarde.

Minute.	*Original.*
des obſervations là-deſſus, n'y ont pas réfléchi.	ont fait des obſervations là-deſſus, n'y ont pas réfléchi.
D'après *toutes les réflexions ci-deſſus.* . . . . *je penſe qu'on ne ſçauroit porter trop loin* cette réforme, ſoit pour la ſûreté du ſervice, ſoit pour l'économie; car c'en eſt une bien mauvaiſe, que de faire de la dépenſe ſur un mauvais fonds.	D'après *ce que je viens de dire, vous pouvez juger, Monſieur, ſi en bornant les réparations entre trois & quatre livres, c'eſt porter trop loin* cette réforme, ſoit pour la ſûreté du ſervice, ſoit pour l'économie; car c'en eſt une bien mauvaiſe, que de faire de la dépenſe ſur un mauvais fonds. (25)
Quant aux vieilles matieres dont vous me faites l'honneur de me parler, je ne ſçais trop	(26) Quant aux vieilles matieres dont vous me faites l'honneur de me parler, je

(25) Il eſt prouvé que plus des deux tiers des armes réformées par le Sieur de Bellegarde, étoient un *très-bon fonds.*

(26) On a peine à concevoir que M. de Gribeauval ait ignoré que les matieres dont il s'agiſſoit dans les plaintes faites à M. Gayot, étoient des piéces de canon & des mortiers vendus au Sieur de Montieu, à l'inſtigation, & ſur la propoſition de ſon beau-frere le Sieur de Bellegarde, à 13 ſols 6 den. la livre, déduction faite des 10 pour cent qui lui ont été accordées, tandis que le Roi paye les mêmes matieres 23 ſols, & quelquefois 25 ſols la livre, dans ſes Fonderies. M. de Gribeauval qui approuve tout ce qu'a dit & fait le Sieur de Bellegarde, penſoit apparemment comme lui, qu'il étoit onéreux pour l'Etat de con-

Minute.	*Original.*
ce que c'eſt. Si ce ſont des vieilles garnitures en cuivre, elles doivent être vendues à la livre, & au plus offrant, & c'eſt un petit objet. Si ce ſont des vieux bronzes en petits canons, arquebuſes à croc & autres vieux armemens, cela a encore un prix à peu-près décidé, mais ne doit pas être vendu indifféremment, à cauſe des Ordonnances qui en défendent l'uſage aux particuliers (ainſi que celui des fuſils de calibre.) Il faut pouvoir en ſuivre l'emploi chez ceux qui les achetent. J'ignore les meſures que l'on a priſes là-deſſus.	ne ſçais trop ce que c'eſt. Si ce ſont de vieilles garnitures en cuivre, elles doivent être vendues à la livre, & au plus offrant, & c'eſt un petit objet. Si ce ſont de vieux bronzes, en petits canons, arquebuſes à croc & autres vieux armemens, cela a encore un prix à peu-près décidé, mais ne doit pas être vendu indifféremment, à cauſe des Ordonnances qui en défendent l'uſage aux Particuliers (ainſi que celui des fuſils de calibre.) Il faut en pouvoir ſuivre l'emploi chez ceux qui les achetent. J'ignore les meſures que l'on a priſes là-deſſus.
J'ai l'honneur d'être, &c.	J'ai l'honneur d'être &c.

ſerver dans les cours des Arſenaux *un métal* qui (au dire du Réformateur) *ſouffre à la longue un grand déchet.* Combien la Statue de Henri IV a-t'elle perdu depuis qu'elle eſt ſur le Pont-Neuf ?

Comment un Officier d'Artillerie peut-il avancer que le bronze ſouffre un grand déchet par le laps du tems ?

Lettre de M. le Marquis de Monteynard 11.
à M. de St. Auban, en date du 8 Juin
1773.

Je vous ai chargé, Monſieur, le 13 du mois de Décembre 1771, de former un état qui me fît connoître exactement la quantité & l'eſpece des fuſils, carrabines, mouſquetons, piſtolets, piéces de canon, mortiers de fonte, & autres effets d'Artillerie, qui ont été réformés par le ſieur de Bellegarde, Inſpecteur de la Manufacture d'Armes de St. Etienne, & qui, d'après l'eſtimation que cet Officier a faite, ont été livrés au Sieur de Montieu, Entrepreneur de ladite Manufacture. On ne peut être plus ſatisfait que je le ſuis, des comptes que vous m'avez rendus ſur ces différens objets; & Sa Majeſté les a jugés aſſez importans, pour vouloir qu'ils ſoient approfondis & jugés par un Conſeil de Guerre. Quoique vous n'ayez fait qu'exécuter les ordres qui vous ont été donnés, je n'ai point ignoré qu'on a voulu vous regarder comme partie dans cette affaire, & je ne puis qu'approuver la délicateſſe qui vous a fait deſirer de n'être pas chargé d'en rendre compte aux Juges; mais l'intention de S. M. eſt que vous remettiez à M. Picques, Sous-Directeur d'Artillerie, chargé de faire les fonctions de Procureur du Roi audit Conſeil de Guerre, l'Inſtruction qu'il vous a été ordonné de faire, ainſi que toutes les Piéces, Mémoires, réponſes à ces Mémoires, & tout ce qui y a rapport. Vous donnerez à cet Officier tous les éclairciſſemens qui dépendront de vous, tant ſur la réforme des Armes, que ſur la vérification dont vous avez été chargé à Sedan, Mézieres, Rocroy, Givet & Charlemont. Vous tirerez de M. Picques un récépiſſé de ce que vous lui remettrez. Votre zèle pour le ſervice m'aſſure que vous ne négligerez rien pour le mettre en état de connoître parfaitement cette affaire.

J'ai l'honneur d'être, &c.

---

12. *EXTRAIT du Jugement du Conſeil de Guerre, du 12 Octobre 1773.*

Vu le mémoire ſans date du ſieur de Bellegarde, & de ſa main, par lequel il propoſe la réforme des vieilles Armes, ſans s'aſſujettir à l'ancien uſage de les briſer.

Vu la réponſe du ſieur de Gribeauval au ſieur Dubois, du 23 Mai 1767, par laquelle il lui donne ſon avis ſur la propoſition faite par le ſieur de Bellegarde, de réformer les Armes entieres, en approuve les motifs, & fait ſentir la néceſſité de charger le ſieur de Bellegarde, ou un Officier intelligent de la totalité de cette opération, attendu que ſi elle étoit exécutée par les différens Directeurs de l'Artillerie, qui s'y connoiſſent peu, la réforme ſeroit imparfaite ou outrée, & l'eſtimation mal faite.

Vu la réponſe du ſieur de Gribeauval au ſieur Gayot du 25 Mai 1770, au ſujet des repréſentations des Officiers du Corps Royal ſur la maniere dont la réforme avoit été exécutée, & par laquelle il appert que cet Officier Général, en juſtifiant la réforme faite par le ſieur de Bellegarde, attribue les réclamations des Officiers de l'Artillerie aux prétentions mal fondées de leurs connoiſſances en cette partie, en obſervant que ſi on s'en étoit rapporté aux Officiers ſupérieurs & particuliers des Places, on auroit peut-être conſervé trois cens mille armes de plus.

Lettre de M. de Gribeauval à M. le Marquis de Monteynard, en date du 4 Août 1773. 13.

M. le Marquis,

Vous m'avez fait l'honneur de me mander par votre Lettre du 11 Juillet, que vous aviez fait obtenir à M. de Bellegarde, d'après ſes ſollicitations & les miennes, (27) un Conſeil de Guerre, & que je pouvois me rendre ici, pour informer les Juges de ce qui pourroit m'intéreſſer dans ſon affaire.

Je n'ai eu d'autre intérêt que celui de lui

---

(27) Ce ne ſont donc pas les prétendus ennemis du Sieur de Bellegarde & de M. de Gribeauval qui ont ſollicité la tenue d'un Conſeil de Guerre pour les perdre, comme ces Meſſieurs n'ont ceſſé de le débiter.

faire obtenir des Juges, devant lesquels (28) il pût justifier sa conduite, & en même tems, faire voir que *je n'ai eu nulle part dans le marché, ni dans l'exécution de la réforme des vieilles Armes*, malgré les mauvais bruits qu'on répandoit dans le public, à ce sujet, contre moi. La Gazette d'Utrecht m'a fourni la preuve de la publicité de ces bruits, & vous avez bien voulu demander vous-même la rétractation de l'article qu'on y avoit inséré.

Comme j'ai appris que mes ennemis me font parler, (29) & me prêtent beaucoup de mauvais propos, auxquels je n'ai eu nulle part, je crois, Monsieur le Marquis, devoir leur en ôter le prétexte, en m'éloignant d'ici. Ayant cependant intérêt à ce que leur mauvaise volonté ne puisse continuer de me nuire, je compte rester à ma Terre, près d'Amiens, &

---

(28) Si le Sieur de Bellegarde avoit eu droit de nommer lui-même ses Juges, en auroit-il pu choisir de plus integres & de plus respectables que ceux qui lui ont été donnés par le Roi ?

Il semble ici que M. de Gribeauval oublie sa réponse à M. Dubois, du 23 Mai 1767, & celle du 25 Mai 1770 à M. Gayot, dont la premiere adopte, & la seconde justifie la réforme.

Mettre à découvert, par ordre du Roi, les dommages & les dangers de la réforme, n'est répandre de mauvais bruits contre M. de Gribeauval, qu'autant qu'il la protege.

(29) Quels sont donc les ennemis de M. de Gribeauval ? Pourquoi en parler si souvent sans les nommer ? Seroient-ce les Officiers qui désapprouvent son systême sur l'Artillerie pris chez l'Etranger ? Seroient-ce plutôt ceux qui ont exécuté les ordres du Roi, pour faire connoître l'étendue pernicieuse des malversations de son protégé Bellegarde ? Les raisons des premiers, & les comptes rendus à Sa Majesté par les seconds, ne sont ni de *mauvais propos*, ni *des calomnies*.

ne revenir ici que de tems à autre, pour remplir cet objet, & être à portée de donner aux Juges (30) tous les éclairciſſemens qui pourront devenir utiles à mes intérêts, ſi la calomnie continue de m'attaquer.

J'ai l'honneur, Monſieur le Marquis, de vous rendre compte des raiſons de prudence qui m'engagent à prendre le parti de faire des abſences momentanées, étant bien perſuadé que vous les approuverez.

Je ſuis avec reſpect, &c.

Lettre de M. de Gribeauval à M. le Maréchal Duc de Biron, en date de Bovelles le 25 Décembre 1773. 14.

MONSEIGNEUR,

Permettez-moi d'avoir l'honneur de vous adreſſer mes plaintes contre le ſieur Rouſſiere (31), Greffier du Conſeil de Guerre. La copie de ma lettre, ci-jointe, adreſſée à M. le

---

(30) MM. les Juges du Conſeil de Guerre n'avoient pas beſoin de demander des éclairciſſemens à M. de Gribeauval ſur des faits dont ſes deux Lettres confirment les plus eſſentiels.

(31) Il eſt clair que le nom de M. Rouſſiere ſert à déſigner ici le Conſeil de Guerre même ; on ne peut voir ſans ſurpriſe M. de Gribeauval, Lieutenant-Général des Armées du Roi, s'adreſſer à M. le Maréchal de Biron & aux autres Juges, pour les engager à l'aveu d'avoir commis une infidélité, & au déſaveu de leur propre Jugement.

Marquis de Monteynard, ainsi que celle de ma lettre, du 25 Mai 1770, à M. Gayot, vous instruiront de leur justice. Je dois espérer, Monseigneur, que, comme l'un des Chefs du Militaire François, vous voudrez bien appuyer de toute la force de vos représentations celles d'un Officier-Général, qui demande qu'il lui soit fait justice contre une aussi criante infidélité, par laquelle on a, j'ose le dire, manqué de respect au Conseil de Guerre lui-même.

Je suis avec un profond respect, &c.

---

15. *Lettre de M. de Gribeauval à M. le Marquis de Monteynard, en date de Bovelles le 14 Décembre 1773.*

M. le Marquis,

Il ne m'a pas été possible de reconnoître dans le Jugement imprimé, du 12 Octobre dernier, rendu par le Conseil de Guerre séant aux Invalides, la lettre de moi à M. Gayot (32), qui y est rapportée. J'étois bien certain que je n'avois pu écrire ainsi; mais il ne me suffisoit pas de l'être, pour pouvoir en porter mes plaintes. J'ai recherché dans tous mes papiers, & enfin je viens de retrouver la minute de ma

(32) Ce n'est point la Lettre entiere à M. Gayot qui est *rapportée* dans le *Jugement imprimé*, mais la partie essentielle à la justification des Officiers si insidieusement inculpés par le Sieur de Bellegarde.

lettre, dont je m'empresse de vous envoyer une copie ; minute d'autant plus certaine, qu'il dépend de celui qui la suspecteroit, de la faire absolument tomber, en produisant la lettre même qu'il a visée.

Si c'est en général, Monsieur le Marquis, un crime, & un crime bas, d'altérer & de tronquer un texte, ce crime est encore plus grand, lorsqu'il est évident qu'on n'a pratiqué cette fraude (33) que pour faire illusion au Public, dans une affaire grave, & contre celui qui a écrit, & contre celui au sujet duquel on a écrit. Je me crois donc fondé à vous adresser d'abord mes plaintes les plus fortes contre le Greffier (34) de ce Conseil de Guerre, lorsque je lis dans l'imprimé du Jugement, ce qui suit :

» Vu la réponse du sieur de Gribeauval au » sieur Gayot, du 25 Mai 1770, au sujet » des représentations des Officiers du Corps » Royal, sur la maniere dont la réforme avoit » été exécutée, & par laquelle il appert que » cet Officier-Général, en justifiant la réfor- » me, attribue les réclamations des Officiers » de l'Artillerie aux prétentions mal fondées » de leurs connoissances en cette partie, en » observant que si on s'en étoit rapporté aux » Officiers supérieurs & particuliers des Pla- » ces, on auroit peut-être conservé trois cens » mille armes de plus. »

---

(33) Il est fort d'oser établir que le Conseil de Guerre ait pratiqué une fraude.

(34) Voyez la Note 32.

(35) Il n'eſt personne qui, en liſant ce paſſage, ne conçoive trois choſes: la premiere, que les Officiers du Corps Royal ont fait des repréſentations au Gouvernement, ſur la maniere dont la réforme a été exécutée; la ſeconde, que j'ai inculpé tous les Officiers de ce Corps, d'avoir des prétentions mal fondées dans la partie de l'Artillerie; & la troiſiéme, d'avoir, même en juſtifiant le ſieur de Bellegarde, fait *une obſervation* à ſa charge; car obſerver que quelqu'un, qui eſt accuſé d'avoir outré une opération, auroit pu conſerver 300 mille armes de plus, c'eſt faire une obſervation contre lui.

Or, ne ſerez-vous pas ſoulevé, M. le Mar-

(35) Voici la réponſe *à ces trois choſes* : 1°. La citation inſérée dans le Jugement d'après la réponſe de M. de Gribeauval à M. de Gayot, & ſi clairement motivée dans le *vu* précédent, prouve invinciblement, quoiqu'on ait fortement aſſuré le contraire, que la plupart des Officiers d'Artillerie employés dans les Places, ſe ſont récriés contre les opérations du Sieur de Bellegarde; & M. de Gribeauval change ici, & plus bas, le ſens de cette citation, & transforme les réclamations ou repréſentations de ces Officiers des Places, en repréſentations de *tout* le Corps Royal, *faites en Corps au Gouvernement.*

2°. Il altere encore ici l'Extrait qu'il cite; il y eſt évidemment queſtion de connoiſſances en fait d'Arquebuſerie; & M. de Gribeauval, après avoir écrit à M. Gayot que la plupart des Officiers du Corps, *ſur-tout les anciens*, n'ont, à cet égard, que des prétentions mal fondées, & puiſées chez des Gardes & des Armuriers ignorans, ſe retourne ici, & dit que l'Extrait l'accuſe d'*inculper* tous les Officiers du Corps d'avoir des prétentions mal fondées à la partie de l'Artillerie, c'eſt-à-dire, à leur métier.

3°. MM. les Juges ſçavoient très-bien que M. de Gribeauval ne cherchoit pas dans ſa Lettre à blâmer le Réformateur ni la réforme.

quis

quis (36), lorsqu'en vous faisant représenter ma lettre vous lirez, & lirez immédiatement après ces mots *trois cens mille armes de plus*, ceux-ci : » Et il seroit arrivé à la guerre » ce qui arrive aujourd'hui dans les garnisons, » où il n'y a quelquefois pas dans un Batail- » lon 100 fusils qu'on ose tirer à balle ; le Sol- » dat auroit en guerre plus à craindre de son » arme que de celle de l'ennemi : qu'attendre » d'une troupe ainsi armée ! »

Dans un autre endroit de cette même lettre je dis : » On m'a assuré que M. de Bellegarde » a fait subir l'épreuve ordinaire aux moins » mauvais de ces vieux canons, & qu'il ne » s'en étoit presque pas trouvé qui pussent la » soutenir ; *mais quand même ils l'auroient sou-* » *tenue, j'aurois encore conseillé de les réformer* » *pour ne faire nulle dépense pour conserver des* » *armes, qui tout-à-l'heure deviendront dan-* » *gereuses* ; ceux qui proposent de les conser-

---

(36) Si quelque chose a dû soulever le Ministre, c'est la contradiction caractérisée qui se trouve entre les Lettres de M. de Gribeauval. Dans sa réponse à M. Dubois, du 23 Mai 1767, il approuve le projet de la réforme ; il produit la soumission du Sieur de Montieu ; il propose le Sr. de Bellegarde pour l'exécution. Dans sa réponse à M. Gayot, du 25 Mai 1770, il s'efforce de persuader l'utilité d'une réforme illimitée que lui-même auroit dû empêcher. Il renouvelle ici les mêmes efforts, en citant les endroits de cette Lettre à M. Gayot, qu'il suppose les plus décisifs ; & dans sa Lettre à M. le Marquis de Monteynard, du 4 Août 1773, pendant la tenue du Conseil de Guerre, il affirme qu'il n'a eu nulle part dans le projet, dans le marché, ni dans l'exécution de la réforme.

La réponse précise à chaque article souligné ci-dessus, est dans les Notes sur cette Lettre à M. Gayot, rapportée ci-devant sous le N°. 10.

» ver pour les Places, n'y ont pas bien réflé-
» chi : *ils ignorent de quelle conséquence il est*
» *d'ôter la confiance au Soldat & de lui laisser,*
» *non pas même une bonne raison, mais seule-*
» *ment un prétexte de ne point agir.* C'est-là où
» il est essentiel d'avoir des armes les plus sûres
» & les plus solides. »

Toute ma lettre, M. le Marquis, est sur le même ton, & est animée du même esprit, au point qu'après avoir rapporté les raisons qui m'ont fait applaudir à la réforme, j'ajoute expressément : » D'après toutes les réflexions
» ci-dessus, je pense, Monsieur, *qu'on ne sçau-*
» *roit porter trop loin cette réforme*, soit pour la
» sûreté du service, soit pour l'économie : car
» ç'en est une bien mauvaise que de faire de
» la dépense sur un mauvais fonds. »

Je ne vois pas non plus (37) par la lettre de M. Gayot, à laquelle je répondois, qu'il y ait eu des représentations faites en corps par les Officiers d'Artillerie ; il dit dans cette lettre, (que le Greffier devoit avoir sous les yeux) *qu'il lui étoit revenu qu'on étoit étonné de voir que M. de Bellegarde, &c. . . . qu'on regrettoit également les matieres. . . .* Or personne ne verra dans ces mots (qui ne sont pas même d'un Ministre) la réclamation imposante & respectable d'un Corps entier d'Officiers.

(38) On ne trouvera pas non plus dans ma

---

(37) Voyez la Note 35.

(38) On l'a dit plus haut ; le vu du Jugement n'indique certainement que les Officiers employés dans les Places, & non le *Corps entier*, comme M. de Gribeauval persiste à l'interpréter : c'est donc lui, & non le *vu* qui *présente* son *expression comme générale*.

lettre une inculpation générale contre tous les Officiers d'un Corps auquel je tiens à tant de titres, & cependant le *vu* présente mon expression comme générale.

(39) Je n'examine point ici, M. le Marquis, si lorsqu'un Officier Général ou autre sujet du Roi est consulté en particulier par le Gouvernement sur un fait ou sur une opération, la justice & l'honnêteté permettent d'imprimer ses lettres, & de risquer à le compromettre avec ceux dont il est obligé de parler, & si cette méthode ne tendroit pas pour l'avenir à étouffer la vérité & à décourager le zèle. (40) Je ne vous parle pas non plus, vous voudrez bien l'observer, du Jugement en lui-même, & l'on ne pourra, avec vérité, dire le contraire au Roi.

Mais je vous parle seulement, M. le Marquis, de cette portion de rédaction dans laquelle le Greffier a cruellement défiguré une lettre qui présente à Sa Majesté, qui présente au Lecteur un sens tout contraire à ce que j'ai écrit, comme Sa Majesté Elle-même en sera convaincue, si elle daigne jetter les

---

(39) M. de Gribeauval, en se permettant ici des doutes sur *la justice, l'honnêteté* & la prudence du Ministre, marque plus que du regret de voir ses différentes façons de penser manifestées par la communication de ses Lettres.

On lui observe au surplus, qu'il étoit de la prudence des Bureaux d'alors, de conserver & de faire paroître ces Lettres, en même tems qu'ils supprimoient tant d'autres piéces relatives à la réforme.

(40) M. de Gribeauval se repliant sans cesse sur les mêmes idées, on renvoie aux réponses qui y ont été faites.

yeux ſur ma lettre en entier que je joins à celle-ci.

Votre juſtice naturelle, M. le Marquis, ſera certainement bleſſée de voir qu'on ait altéré ſi méchamment la lettre d'un Officier Général, dans une affaire auſſi importante; altération d'autant plus profondément réfléchie qu'on a cherché à ſe préparer d'avance une réponſe à ce juſte reproche, en inſérant ces mots: *en juſtifiant la réforme faite par le ſieur de Bellegarde;* comme ſi cette expreſſion fugitive, qui d'ailleurs ne fait que charger encore plus le ſieur de Bellegarde (puiſqu'on me fait obſerver contre lui, au même endroit, qu'il auroit pu conſerver 300 mille armes de plus,) pourroit jamais excuſer, affoiblir le crime d'avoir coupé ma phraſe, & d'avoir retranché, après ces mots 300 *mille armes de plus*, ces cinq lignes (41) ſi énergiques & ſi vraies, & qui vont ſi fort à la décharge de cet Officier.

Ma véracité, ma droiture & mon honneur ſont vivement offenſés de cette *altération; un Jugement imprimé*, dans lequel on me fait parler ainſi, ſeroit une *tache ineffaçable pour moi*, non-ſeulement aux yeux de la France, mais encore aux yeux des Nations Etrangeres, s'il n'y étoit promptement remédié par une publi-

---

(41) *Ces cinq lignes ſi énergiques* n'infirment point la conſéquence que MM. les Juges ont dû tirer du premier membre de la phraſe pour la juſtification des Officiers des Places, & ne détruiront jamais les faits juridiquement prouvés au Procès, ſur l'infidélité de la réforme.

cité égale à l'offenſe. (42) J'ai l'honneur de vous la demander, M. le Marquis, contre le ſieur Rouſſiere (43), Greffier, que la Loi me préſente comme l'auteur de la rédaction, & par conſéquent comme étant reſponſable envers moi.

Il me feroit plus ſatisfaiſant ſans doute & plus honorable de le pourſuivre en Juſtice réglée, comme ayant altéré ma lettre, & par-là porté une atteinte grave à ma réputation; mais j'ai cru plus reſpectueux de vous mettre vous-même à portée de le punir d'une maniere aſſez éclatante, pour que ſa punition ſoit notoirement relative à l'offenſe dont je me plains; ſi vous ne croyez pas, M. le Marquis, avoir dans vos mains un remede proportionné à la grandeur de cette offenſe, je vous ſerai obligé de me le marquer, parce que dans ce cas je verrois à m'adreſſer aux Tribunaux pour l'obtenir.

Je ſuis avec reſpect, &c.

---

(42) Voyez la Lettre, N°. 16.

(43) M. de Gribeuauval accuſe ici pour la troiſiéme fois le Sr. de Rouſſiere, comme reſponſable envers lui par la Loi, & puniſſable d'avoir à lui ſeul altéré le ſens de ſa Lettre; c'eſt pour la troiſiéme fois attaquer, ſous le nom de Greffier, dont les fonctions ſont purement paſſives dans les Conſeils de Guerre, la délicateſſe, la ſagacité, la pénétration, la juſtice, l'intégrité & l'honneur de ſept Officiers Genéraux, ſes Confreres, préſidés par un Maréchal de France.

16. *LETTRE de M. le Marquis de Monteynard à M. de Gribeauval, en date du 14 Janvier 1774.*

J'ai mis, Monſieur, ſous les yeux du Roi la lettre que vous m'avez fait l'honneur de m'écrire le 14 du mois dernier, & celle que vous avez écrite à M. le Maréchal de Biron, par leſquelles vous prétendez que l'extrait, inſéré dans le Jugement du Conſeil de Guerre tenu aux Invalides, de votre lettre du 25 Mai 1770 à M. Gayot, en a altéré le ſens; S. M. a bien voulu confronter Elle-même ces piéces, & n'ayant rien trouvé dans l'extrait de la Sentence qui ne ſoit exact & conforme aux expreſſions contenues dans votre lettre à M. Gayot, Elle m'a chargé de vous marquer ſon mécontentement de cette démarche plus qu'indiſcrette de votre part, & Sa Majeſté s'attend que vous ne lui donnerez plus à l'avenir de nouveaux ſujets d'être mal ſatisfait de votre conduite à cet égard.

J'ai l'honneur d'être, &c.

FIN.

Poſtcrit de l'Editeur.

Les demandes de ce Mémoire multipliées de toutes parts, qui ſe font journellement à M. de St. Auban par des Perſonnes de la premiere conſidération, ont engagé à le réimprimer.

Le Public éclairé a jugé très-graves les faits qui y ſont expoſés & conſtatés : les Officiers du Corps de l'Artillerie & autres Perſonnes qui étoient précédemment inſtruits de l'affaire, ont connoiſſance d'une quantité de faits qui auroient, diſent-ils, ajouté de nouvelles forces à la vérité ; on en convient, & comme on ne s'étoit propoſé que de diſſiper l'illuſion qui pouvoit la faire méconnoître, on a cru devoir s'en tenir à ce qui eſt contenu dans la premiere édition.

La ſeule citation d'un fait étranger à ce qui a été examiné & approfondi au Conſeil de Guerre, montrera à quel danger les ſieurs de Bellegarde, & Montieu, ſon beau-frere, ont exposé les Troupes du Roi.

Sa Majeſté a envoyé beaucoup de ces armes du nouveau modele, marquées *Manufacture de Saint-Etienne*, à l'Iſle de France. Cette Colonie étant redevable à celle de Pondichery, lui a envoyé en à-compte mille de ces fuſils, qui ont été portés chacun à 39 liv. M. Bary de Riſchevile, Commandant de l'Artillerie à Pondichery, a trouvé, à la premiere inſpection, que ces fuſils, quoique chargés de rouille, étoient en apparence de la meilleure qualité; mais lorſqu'il a fait travailler à les dérouiller pour les faire bronzer, on a découvert que tous les canons étoient vieux & avoient été recoupés: ce qui a été prouvé, parce que tous avoient ſept à huit marques différentes; que pluſieurs étoient crevés par des gerçures & des fractures horizontales & tranſverſales. Ces vices & ces défauts ayant été bien avérés & reconnus, M. de Riſchevile a demandé de les faire éprouver. L'épreuve a été faite par le Maître Armurier, en préſence de MM. le Gouverneur, l'Intendant, le Commiſſaire, & quatre Officiers d'Artillerie; &, ſur cent fuſils pris au haſard, dix-ſept ont crevé. On a dreſſé un procès-verbal de cette épreuve & de l'examen des canons qui avoient été découverts défectueux à la seule inspection. Ce procès-verbal a été adressé au Ministre de la Marine avec vingt-cinq canons, sur chacun desquels on a fait des observations qui montrent les principaux sujets de defectuosité.

Il est plus que probable que toutes les Colonies sont généralement infectées de ces armes dangereuses, le sieur Montieu en ayant eu la fourniture exclusive pendant & après la réforme générale.

De Pondichery, le 23 Mars 1775.

www.ingramcontent.com/pod-product-compliance
Ingram Content Group UK Ltd.
Pitfield, Milton Keynes, MK11 3LW, UK
UKHW021110260726
13994UKWH00002B/815